KB004067

**말버릇을 바꾸니
운이 트이기 시작했다**

말버릇을 바꾸니
운이 트이기 시작했다

사람을 모으고 운을 끌어들이는
말하기의 힘

나가마쓰 시게히사 지음 · 노경아 옮김

갈매나무

당신은 반드시
말 잘하는 사람이 될 것입니다.

'운이 트이는 소소한 말버릇'을 익히고 일상에서 실천합니다.
관계와 일이 술술 잘 풀리고 주변에 사람들이 모여듭니다.
운이 트이고 인생이 밝아지는 변화가 시작됩니다.

인생이 밝아지는 소소한 말버릇

말을 조금만 더 잘했으면 인생이 잘 풀렸을 텐데……. 혹시 이런 생각을 한 적은 없습니까? 당신도 이런 생각을 했기 때문에 이 책을 골랐겠지요? 사실 말을 잘하지 못해서 열등감을 느끼는 사람은 많습니다. 당신 혼자만의 고민이 아닙니다. 그래서 갑작스럽지만 결론부터 말씀드리겠습니다. 말 잘하는 사람이 되는 방법은 하나뿐입니다. 싫은 사람과의 대화를 줄이고 좋아하는 사람과의 대화를 늘리는 것입니다.

이 책에서 전하는 방법을 잘 배우면 당신은 반드시 말 잘하는 사람이 될 것입니다. 지금까지 당신을 그토록 괴롭혔던 인간관계에 대한 고민이 '그건 대체 뭐였지?'라고 고개를 갸웃거리게 될 만큼 희미해질 것입니다. 또한 좋아하는 사람과 대화를 나누는 시간을 늘려서 말을 잘하게 되면 차츰 어색한 사람이 사라질 것이고 주변의 모든 사람이 당신을 좋아하게 될 것입니다. 사랑받는 당신의 주위에는 사람뿐만 아니라 운과 돈이 모여들 것입니다. 말로 덕을 보는 사람은 그다지 특별한 일을 하지 않습니다. 누구나 익힐 수 있는 '사소한 습관'을 익혔을 뿐입니다.

잠시 생각해볼까요? 당신은 누가 말을 잘한다고 생각합니까? 코미디언, 아나운서처럼 유창하게 이야기를 전달하는 사람입니까? 혹은 직장에서 능숙한 프레젠테이션으로 관련자들을 설득하는 사람입니까?

유감스럽게도 이 책에는 그런 달변가가 되는 방법이 나와 있지 않습니다. 이 책은 일상적인 대화에서의 요령을 다루고 있습니다. 직장 동료, 가족, 친구, 배우자, 연인, 동호회 회원들처럼 가까운 사람과 맺는 인간관계를 원활하게 만드는 대화법을 소개합니다. 우리 인생의 대부분은 청중 앞에서 프레젠테이션을 하는 시간이 아니라 일상의 가까운 사람과 소통하는 시간으로 채워지기 때문입니다.

아무리 뛰어난 노하우라도 일상에서 써먹지 못한다면 의미가 없습니다. 다시 말해 일상에서의 소통이 원만하게 이뤄져야 당신의 인생이 풍요로워집니다. 그렇게 되면 주변 사람들이 당신의 편이 되어 당신을 위해 움직일 것입니다.

저는 스물여섯 살에 3평짜리 타코야키 가게로 성공한 사람이지만 지금까지 말 때문에 많은 실패를 겪었습니다. 자세한 내용은 본문에서 다시 이야기하겠지만 저는 원래 제가 하고 싶은 말만 계속하며 직원과 주변 사람들을 곤란하게 만드는 사람이었습니다. 그런데 말하는 방식을 바꾸니 운이 트이기 시작하면서 인생이 확 달라졌습니다.

당신도 주변을 한번 둘러보세요. 혹시 사소한 말실수로 가까운 이들을 적으로 돌리는 사람은 없습니까? 말 한마디가 부족해서 손해 보는 사람은 없습니까? '저 사람은 왜 여기서 저런 말을 할까?', '왜 여기서 그런 중요한 말을 안 하지?' 같은 생각을 하게 만드는 사람 말입니다. 당신은 어떻습니까?

핵심은 말하는 방식에 따라 당신의 미래가 완전히 달라진다는 것입니다. 미래의 성패는 큰 무대가 아니라 일상의 사소한 무대에서 말을 어떻게 하느냐에 달려 있습니다. 대부분의 사람들은 의외로 자기 자신을 잘 모릅니다. 이 책을 읽은 당신은 반드시 중요한 말을 적절한 시점에 할 수 있는 사람이 되었으면 합니다. 그런 마음으로 이 책을 썼습니다.

대화법 강의는 요즘 어디서나 줄을 설 정도로 인기가 많습니다. 말 때문에 고민하는 사람이 그만큼 많다는 뜻이겠지요. 그러나 단순히 입 밖으로 나오는 말에 대한 기술만 배워서는 문제가 해결되지 않습니다. 왜냐하면 듣는 이는 당신의 입에서 나오는 말뿐만 아니라 당신의 이야기를 종합적으로 듣기 때문입니다.

말을 화려하게 잘하는 기술이 필요한 분에게는 이 책이 적합하지 않습니다. 그런 분은 '대화 기술'을 다룬 책을 찾으시기 바랍니다. 그에 비해 '대화'의 본질을 알고 싶은 분에게는 이 책이 안성맞춤입니다. 대화의 본질을 알면 당신의 인생이 완전히 바뀔 것입니다.

한 번 더 단언하겠습니다. '말하는 방식'을 바꾸기만 해도 우리 인생의 90퍼센트가 달라집니다. 운이 트이고 인생이 밝아질 것입니다.

3부 적을 만들지 않는 사람의 말버릇

4부 미묘한 말의 차이가 행운을 만든다

1부

어떤 사람의 인생은
왜 잘 풀릴까?

01

미묘한 말의 차이가
바꾸어놓는 것

사람은 어릴 때부터 타인의 말에
영향을 받는다

───────

'자기 긍정감'. 이 말을 들어본 적이 있을 것입니다. 최근 티브이나 잡지에서 자주 언급되는 말인데요. 글자 그대로 '자신을 긍정하는 감정'을 가리키는 말입니다.

예를 들어 "나는 지금 내 인생을 제대로 살고 있어. 주변에서 뭐라고 하든지 난 가치 있는 사람이야.", 이렇게 즉시 말할 수 있는 사람은 자기 긍정감이 높은 사람입니다. 반면 '나는 자신감이 없어.'라거나 '주변 사람들이 뭐라고 생각할지 자꾸만 신경이 쓰여.'라고 생각하는 사람은 자기 긍정감이 낮은 사람입니다.

당신의 주변 사람들도 대부분 자기 긍정감이 낮아서 고민하고 있을 것입니다. 사람은 어릴 때부터 타인의 말에 영향을 받으며 자랍니다. 자기 긍정감이 높은 성인들에게 둘러싸여 자란 아이는 자기 긍정감이 높은 사람이 됩니다. 반대로 주변에 자기 긍정감이 낮은 성인이 많은 아이는 자기 긍정감이 낮은 사람으로 자랄 가능성이 높습니다.

자기 긍정감이 중요하다

동양인은 서양인에 비해 소통, 즉 대화에 서투르다는 주장이 많습니다. 그래도 예전에는 다음과 같이 반박할 수 있었습니다. '동양인에게는 말하지 않아도 상대의 마음을 읽는 이심전심의 능력이 있다.' 그러나 서양 문화가 생활 곳곳에 침투한 오늘날, 그 말은 옛말이 되어버렸습니다. 이제 우리는 이런 상황을 인지하고 좋든 싫든 대화법을 배우고 소통을 위한 노력을 해야 합니다. 원만한 인간관계를 구축하기 위한 '대화의 기술'과 '의사소통 능력'을 반드시 배워야 합니다.

우리는 흔히 타인과 대화할 때 다음과 같은 어려움을 겪곤 합니다.

'처음 만난 사람과 무슨 이야기를 해야 할지 모르겠다.', '할 말이 금세 바닥나서 대화가 이어지지 않는다.', '상대를 화나게 만들었는데 이유가 뭔지 모르겠다.', '무슨 말을 하면 분위기가 좋아질지 모르겠다.', '내 생각을 솔직히 말할 수 없다.', '침묵이 흐르는 것이 두렵다.'……

이제 이런 어려움을 겪는 이들을 위한 현실적인 이야기를 시작해보겠습니다. 인간관계를 잘 만들어나가서 운이 트이고 인생이 잘 풀리는 사람들은 실제로 어떤 말하기를 하고 있을까요?

운이 트이는 소소한 말버릇 **01**

말 잘하는 사람을 가까이하라.

02

말의 힘은
'기술'보다 '마음'에서 나온다

자기 긍정감을 높이면 말하기가 쉬워진다

"사람들 앞에서 말하다가 갑자기 머릿속이 하얘졌습니다."
"무슨 소린지 못 알아듣겠다는 말을 듣고 자신감이 없어졌
어요." "목소리가 작다고 하는데 어떻게 해야 할지 모르겠
어요."……

이런 부정적인 경험들 때문에 자신이 말재주가 없다고
생각하게 된 사람이 많습니다. 이들은 말에 대한 자기 긍
정감을 잃은 상태입니다. 다른 말로 표현하자면 자기 긍정
감의 반대 개념인 '자기 부정감'이 가득한 상태입니다.

건전한 자기 긍정감이 자신감을 낳습니다. 반대로 '말
을 잘하지 못한다.', '좋은 인간관계를 구축하기 어렵다.'라
고 생각하게 만드는 자기 부정감은 자신감을 앗아갑니다.

그러나 익히 알다시피 사람들은 한두 번의 작은 실패로
는 자기 부정감을 느끼지 않습니다. 아마 대부분이 반복된

실패 경험과 누군가의 매정한 지적 때문에 자기 부정감을 느끼게 되었을 것입니다. 그런 사람도 자신을 기꺼이 긍정할 수 있게 된다면 어떨까요? 분명 말을 잘하게 될 것이고 인간관계도 지금보다 더 편하고 좋아질 것입니다.

상대의 말을 필요 이상으로 심각하게 받아들이는 것은 아닐까

제게 이런 고민을 털어놓은 사람이 있었습니다.

"지인에게 어디 사는지 물었더니 '그런 질문은 싫어하는 사람도 있으니까 생각 없이 하면 안 된다.'라고 하더군요. 그 후로는 아무한테도 어디 사는지 물을 수 없게 됐어요."

그 사람의 말에도 일리는 있습니다. 마음을 열고 충고를 받아들여 '사생활의 경계선은 사람마다 다르니 무슨 말이든 신중히 하자.'라고 결심하는 것도 나쁘지 않겠지요. 그러나 한편으로 저는 이렇게 생각합니다. 지금까지 만난 수많은 사람 중 한 명이 그렇게 말했다고 다른 사람과의 대화에서까지 위축되는 것은 아깝지 않나요?

어쩌면 당신도 무언가 헷갈리거나 말이 헛나가서 한두 번 상처를 받는 바람에 자신감을 잃어버리고 말하기를 어려워하게 되었을지 모르겠습니다.

그렇다면 제가 단언하겠습니다. 한두 번 지적을 받거나 실패했다고 해서 마음이 쪼그라들 필요는 전혀 없습니다. '아, 이 사람은 이런 화제를 싫어하나 보다.'라고 생각하고 그 사람에게는 그런 질문을 하지 않으면 그만입니다.

부정하지 않으면 부정당하지 않는다

과거의 부정적인 경험으로 잃어버린 자기 긍정감을 회복하려면 어떻게 해야 할까요? 말로 잃어버린 자기 긍정감은 역시 말로 회복해야 합니다. 회복을 위한 키워드는 '완전 긍정'입니다. '대화의 상대를 절대 부정하지 않고, 나도 부정당하지 않도록 한다.'라는 뜻입니다.

즉 상대와 당신 사이에 '부정 없는 공간'을 만들라는 것입니다. 사람은 자신을 긍정해주는 사람을 긍정합니다. 당신이 상대를 부정하지 않으면 상대도 당신을 부정하지 않을 것입니다. 그렇게 '상호 완전 긍정' 상태를 만들 수 있습니다.

긍정적인 경험을 거듭하면 자연스럽게 자기 부정감이 줄어들고 자기 긍정감이 늘어납니다. 그러기 위해서는 상대를 긍정하는 동시에 스스로도 '부정 없는 공간'에 머물러야 합니다.

운이 트이는 소소한 말버릇 **02**

'부정 없는 공간'에 머무르며 자기 긍정감을 높여라.

부정하지 않으면 부정당하지 않는다

부정 없는 공간을 만든다

자기 긍정감 UP

03

자신을 긍정하는 곳에
머무르면 말하기가 쉬워진다

말재주 없는 사람도 술술 말할 수 있게 되는 세 가지 비결

저는 '부정 없는 공간'을 서로에게 제공하는 워크숍을 주최하고 있습니다. 그 워크숍에서 저는 많은 기적을 목격했습니다. 발표 울렁증이 있었던 사람이 많은 사람 앞에서 술술 말할 수 있게 되었고, 말재주가 없었던 사람이 강연장을 항상 만석으로 채우는 세미나 강사가 되었습니다. 심지어 책을 출판한 사람도 있습니다.

그들의 모습을 보고 깨달았습니다. 말하기를 힘들어하는 사람 대부분은 말하는 것 자체보다 '나는 말을 잘할 수 있다'는 마음가짐을 갖기 힘들어한다는 것입니다. 그래서 여기에 말에 서툰 보통 사람도 술술 말할 수 있게 되는 세 가지 비결을 소개하겠습니다. 제가 주최하는 워크숍에서는 이 세 가지 비결을 규칙으로 만들어 지키고 있습니다.

비결 1 부정 금지

미래를 부정적으로 이야기하면 미래가 실제로 점점 어두워집니다. 그래서 우리 워크숍에서는 부정적인 발언을 한 사람을 퇴장시키는 규칙이 있습니다.

회의에서 누군가가 의견을 발표했을 때 '맞는 말이긴 하지만……' 또는 '그게 아닌데……' 같은 식의 부정적인 분위기가 감돌 때가 있습니다. 그런 분위기가 회의 전체를 뒤덮으면 사람의 잠재력, 즉 역량이 저하됩니다. 그래서 아무도 입을 열지 않게 됩니다.

우리는 흔히 타인의 의견을 '된다', '안 된다'로 분류하는데, 그렇게 남의 의견을 판단하는 분위기가 강해지면 발언하는 사람이 자유롭게 말하고자 하는 의욕을 잃게 됩니다. 사회는 학교처럼 정답을 내야 하는 곳이 아닙니다. 의견과 감상을 자유롭게 나눌 수 있는 분위기가 조성되어야 합니다. 일단 질보다 양이 중요합니다. 양을 늘려서 개인의 역량을 끌어올려야 하기 때문입니다.

거듭 말하지만 일단 발언하게 만드는 것이 중요합니다. 긍정적인 의견은 무엇이든 받아들이겠다는 규칙을 미리 만들어 공유하는 것도 좋은 방법입니다. 학교 교육이 만든 '무조건 정답을 내야 한다'는 편견을 버리고 다양한 의견을 거리낌 없이 제시하도록 하면 회의 분위기가 긍정적으로 바뀔 것입니다. 그러면 누구나 사람들 앞에서 편하게 이야기할 수 있습니다.

비결 2 미소 지으며 끄덕인다

두 번째 요령은 '고개를 열심히 끄덕이는 것'입니다. 고개를 세로로 흔드는 단순한 동작을 습관화하면 인간관계에 상당히 도움이 됩니다. 이 습관은 상대의 마음의 문을 열고 불안을 덜어주는 최고의 수단이기도 합니다.

우리 회사는 매일 아침, 조례를 합니다. 저 자신을 업무 모드로 바꾸기 위해서이지만, 사실 그보다 더 중요한 목적이 있습니다. 조례의 세 가지 목적은 '각자의 언어 환경을 바꾸는 것', '각자의 마음속 장벽을 걷어내는 것', '상대에게 용기를 주는 좋은 사람을 육성하는 것'입니다.

사람들 앞에서 말할 때는 누구나 긴장합니다. 그러나 들으면서 고개를 끄덕여주는 사람이 있으면 화자가 더 자연스럽게 말할 수 있습니다. 무슨 말을 해도 끄덕이며 들어줄 듯해 안심이 되기 때문입니다. 저도 조례 때 고개를 끄덕여주는 직원이 있으면 더 신이 나서 말하게 됩니다.

사람의 역량은 힘을 줄 때보다 힘을 뺄 때 더 향상됩니다. 그래서 우리 회사와 워크숍에서는 남의 이야기를 들을 때 고개를 열심히 끄덕이는 규칙이 있습니다.

비결 3 긍정적인 말하기

긍정적인 말은 사람에게 에너지를 줍니다. 반대로 소극적이고 부정적인 말은 자신뿐만 아니라 듣는 사람의 에너지까지 빼앗아 갑니다. 평소에는 어떤 말을 하든지 상관없지만 우리 워크숍에 참석할 때만은 의식적으로 긍정적인 말만 해야 합니다. '남을 칭찬하는 말', '감동적인 경험을 나누는 말', '현재 상황을 개선하기 위한 말' 등이 긍정적인 말입니다. 밝은 말이 밝은 분위기를 만듭니다.

과거의 상처를 치유하는 법

유감스럽게도 우리 주변에서는 부정적인 말들이 어지럽게 오가고 있습니다. 그래서 우리는 자신도 모르는 사이에 부정적인 분위기 속에서 사는 것을 당연하게 여기게 되었습니다.

되도록 그런 분위기에서 벗어나 앞에서 말한 세 가지 비결을 의식하며 살아야 합니다. 그래야 긍정적인 말을 더 하게 되고 본래의 자신을 조금씩 되찾을 수 있습니다.

자신을 온전히 긍정해주는 곳에 머물러야 합니다. 그러면 당신이 과거에 받은 상처도 어느새 아물 것입니다.

운이 트이는 소소한 말버릇 **03**

'부정하지 않기', '고개 끄덕이기', '긍정적인 말만 하기'.
이 세 가지 대화법이 극적인 변화를 가져온다.

04

당신이 부러워하는 그 사람은
아주 조금 더 알고 있을 뿐

유능한데도 말 때문에 손해 보는 사람

세상에는 말을 매끄럽게 잘하는데도 왠지 모르게 사람들에게 환영받지 못하는 사람이 있습니다. 한편 말솜씨는 그저 그렇지만 왠지 모르게 도와주는 사람이 많아서 성공하는 사람도 있습니다.

인간관계를 구축하는 데 중요한 것은 인품, 세상을 보는 관점, 사고방식입니다. 그러나 위의 세 가지가 훌륭하다고 해도 말로 자신을 제대로 표현하지 못하면 매력을 드러낼 수 없고, 사람들을 끌어당길 수도 없습니다.

말을 잘하게 되면 인생이 극적으로 달라집니다. 이 책 첫머리에서 했던 이야기도 결코 허풍이 아닙니다. 자, 어떻게 하면 말을 잘할 수 있을까요? 구체적인 내용으로 들어가기 전에 모든 말하기의 기초가 될 '대원칙'을 소개하겠습니다.

대화의 '사소한 차이'란?

다른 사람과의 소통이 물 흐르듯 원활하면 인간관계도 거칠 것이 없습니다. 조금 더 풀어 말하면 '대화에 능숙해지면 일상이 풍요로워진다.'라고 할 수 있습니다.

'왜 저 사람 주변에 사람이 모여들까?'

당신이 이처럼 부러워하는 그 사람이 당신보다 백 배로 노력하고 있을까요? 그렇지 않습니다. "사소한 차이가 큰 차이를 만든다."라는 말이 있습니다. 말하자면 그 사람은 다른 사람과 소통하는 데 중요한 사실을 지금 당신보다 '아주 조금' 더 알고 있을 뿐입니다. 그것이 무엇일까요?

답은 세 가지입니다. 첫 번째는 '사람은 누구나 자신이 제일 소중하고 자신에게 제일 관심이 많다.'라는 사실입니다. 생각해보세요. 다 함께 찍은 단체 사진에서 누구의 얼굴이 제일 먼저 보입니까? 본인의 얼굴입니다. 단체 사진을 받았을 때 다른 사람의 얼굴부터 확인하는 사람은 거의 없습니다. 누구나 일단 자기 얼굴부터 봅니다. 그러므로 상대의 최대 관심사인 '자신'을 주인공으로 만들어주면 상대는 저절로 기분이 좋아집니다. '나를 주인공으로 만들어 준 당신이 좋다.'라고 느끼는 간단한 심리를 이해해야 합니다.

두 번째는 '누구나 남에게 인정받기를 원하고 남이 자신을 알아주기를 열망한다.'라는 것입니다.

그리고 세 번째는 '사람은 자신을 알아주는 사람을 좋아한다.'라는 것입니다.

운이 트이는 소소한 말버릇 **04**

사람은 자신에게 깊은 관심을 보여주는 사람을 좋아한다.

성공하는 사람이 알고 있는 소통의 세 가지 대원칙

① 사람은 자신에게 관심이 가장 많다!

② 사람은 남이 자신을 알아주길 바란다

③ 사람은 자신을 알아주는 사람에게 호의를 느낀다

소통의 달인으로 대변신

05

말하기에서 가장 중요한 것은
듣는 것이다

어떻게 이야기하느냐보다
어떻게 듣느냐가 중요하다

당신은 앞에서 언급한 인간의 세 가지 심리를 매우 '대략적'이고 '추상적'이라고 느낄지도 모릅니다. 그러나 이 책을 읽다 보면 그 심리를 깊이 이해하게 될 테니 안심하시길 바랍니다. 이 세 가지 심리를 이해하려면 우선 새로운 생각의 틀을 받아들여야 합니다. 그 틀은 '말하기에서 가장 중요한 것은 듣는 일'이라는 사실입니다.

'뭐라고? 난 듣기가 아니라 말하기를 배우고 싶은데.'

이렇게 생각하셨나요? 맞습니다. 이 책은 말하기에 대한 책입니다. 그런데도 왜 듣기가 중요하다고 말할까요? 앞에서 말했다시피, 모든 사람은 타인의 관심과 인정을 받기를 바라기 때문입니다. 상대의 자존감을 높이는 데 가장 효과적인 방법이 '잘 들어주는 것'입니다.

자신의 이야기만 하고 있지는 않은가?

한 강연회 뒤풀이에서 있었던 일입니다. 어떤 남자가 저에게 다가오더니 엄청난 기세로 말하기 시작했습니다. 장장 15분에 걸쳐 자신이 보험회사 영업직이라는 이야기, 제 열렬한 팬이라는 이야기, 그리고 제 책과 강연회에서 큰 용기를 얻었다는 이야기를 줄줄 쏟아냈습니다.

강연이 생업인 저에게는 팬의 존재가 더없이 소중합니다. 그래서 일부러 찾아와 열정적으로 이야기해준 팬에게 고마움을 느꼈습니다. 다만 문제가 하나 생겼습니다. 그가 한바탕 자기 이야기를 끝내고 이번에는 자신이 하는 일에 대해 이야기하기 시작한 것입니다. 보험회사 영업직으로 공부를 거듭하며 매일 노력하고 있다는 이야기, 이런저런 방법을 써서 다양한 시도를 하고 있다는 이야기 등등…….
그가 너무 열변을 토해서 저는 좀처럼 끼어들지 못하고 그저 듣기만 했습니다.

그러다 그가 한숨 돌리는 틈을 타 겨우 "그런데 일은 어떠세요? 잘되고 있나요?"라고 물어보았습니다. 그러자 그는 한순간 침묵하더니 제 질문에 대답하지 않은 채 다시 이야기를 시작했습니다. 그때부터는 보험의 세세한 종별 선택법 등 전문적인 이야기가 펼쳐졌습니다. 저도 결국은 참지 못하고 "저기, 질문 하나 해도 될까요?"라고 말을 끊었습니다. 그런데도 그는 "잠깐만요. 조금만 더 들어보세요."라고 저를 제압하더니 다시 이야기를 이어갔습니다.

그때 '이 사람은 누구를 만나도 이런 식이겠구나.'라는 생각이 들었습니다. 그는 십몇 분쯤 더 이야기하더니 그제야 만족한 듯 "감사했습니다! 좋은 말씀 잘 들었습니다. 마지막으로 조언하실 게 있으면 해주세요!"라고 말했습니다. 모처럼 제 책을 읽고 강연회까지 찾아온 팬이어서 저는 솔직히 말해주었습니다.

"본인이 하고 싶은 말을 20퍼센트만 하고 일단은 고객이 무엇을 원하는지 귀 기울여 들으세요. 그러면 매출이 두 배로 늘어날 겁니다. 당신은 열정이 대단하니까요."

반년 만에 매출이 다섯 배로 늘어난 비결

반년쯤 지난 후, 그 옆 도시에서 강연할 기회가 생겼습니다. '그때 그 사람이 올까? 오면 어떻게 되었는지 들어보고 싶다.'라고 생각했는데, 다행히 그날도 그는 맨 앞자리에 앉아 제 강의를 듣고, 뒤풀이에도 참여했습니다.

저는 먼저, 그의 외모와 분위기가 크게 달라진 것에 놀랐습니다. 예전의 완고하고 위압적인 분위기는 온데간데 없었고, 입꼬리가 올라가고 눈초리가 내려가 인상이 무척 친근하게 변해 있었습니다.

이야기를 나눠보고는 더 놀랐습니다. 반년 사이에 영업 실적이 다섯 배로 늘었다는 것입니다. 그는 그동안 제 조언에 따라 남의 이야기에 귀를 기울이려고 노력했을 뿐이라고 말했습니다. 그는 저에게 침착하게 말했습니다.

"선생님의 조언을 들은 다음부터 저는 영업 스타일을 바꿨습니다. 고객의 불편이 무엇인지, 어떤 도움을 드려야 할지에만 집중해 고객의 목소리를 듣기 시작했지요."

"대단하시네요. 즉시 실천을 하셨군요."

"네. 사실 저번 강연 때 매출이 너무 안 나와서 이직을 생각하고 있었습니다. 하지만 선생님 조언대로 했더니 실적이 점점 오르더군요. 제가 영업을 얼마나 잘못하고 있었는지 뼈아프게 깨달았습니다. 덕분에 이제 잘되고 있습니다. 얼마 전엔 표창장도 받았습니다. 정말로 감사합니다."

그는 이렇게 말하고 산뜻하게 자리에서 일어섰습니다. 뒤풀이가 진행되는 동안 관찰해보니, 그는 줄곧 웃는 얼굴로 다른 사람들의 이야기에 고개를 끄덕이고 있었습니다.

모든 변화는 '듣기'에서 시작됩니다. 그는 '듣기'를 하지 않았기 때문에 성장하지 못하고 있었고, '듣기'를 시작하자 크게 성장했습니다. 저는 그를 통해 '남의 말을 듣는 것'이 얼마나 중요한지 새삼 확인했습니다.

운이 트이는 소소한 말버릇 **05**

'이야기하는 힘'보다 '듣는 힘'을 길러야 한다.

06

나는 어떻게 밑바닥에서부터
올라올 수 있었나

사람들이 점점 곁에서 떠나가는 것을 보며

지금은 이런 책을 쓰고 있는 저도 예전에는 그 영업사원과 비슷한 실수을 해서 많은 어려움을 겪었습니다. 저는 소통이나 대화를 (스스로는 잘한다고 믿었지만) 잘하는 편이 아니었습니다. 그런 특성은 당연히 인간관계에도 영향을 미쳤습니다.

사실 저는 스물여섯 살 때 한 치 앞도 안 보이는 상태에서 무모하게 비즈니스를 시작했습니다. 3평짜리 타코야키 노점상이었는데, 창업 초기에 곤경이 있었지만 무사히 극복하고 약 2년 만에 좀 더 큰 음식점으로 사업을 확대할 수 있었습니다.

작은 성공을 거뒀지만 그래도 여전히 매일 스무 명쯤 되는 직원들과 현장에서 악전고투를 치러야 했습니다. 그때 저는 어떻게 하면 이익을 낼 수 있을지만을 생각했으며, '철저한 보고 및 연락, 상담'이나 '공손한 말투 쓰기' 등 사내 소통 강화를 위한 표면적인 방침만 내세우기 바빴습니다.

그 결과 직원들과 소통이 잘되지 않았고 팀워크는 점점 약해졌습니다. 직원들과 마음이 통하지 않으니 제 열정도 헛도는 듯한 기분이었습니다. 지금 생각하니 저의 말하기 방식에 문제가 있었던 것이 틀림없습니다. 왜냐면 제가 항상 '왜 내 말을 이해하지 못하지?'라며 속으로 주변 사람들을 원망했기 때문입니다.

그러나 사람들이 곁에서 점점 떨어져나가는 것을 보며 말하는 방식을 근본적으로 바꿔야겠다고 생각하게 되었습니다. 아니, 그렇게 생각할 수밖에 없었습니다.

이게 내 스타일이니 아무 문제 없다?

지금 돌아보면 그때의 저는 하고 싶은 말을 잘하지 못하는 사람이라기보다 제 할 말만 하고 다른 사람의 말은 전혀

듣지 않는 사람이었습니다. 언제나 '내 이야기'가 중심이었고, 다른 사람이 이야기할 때마다 지루해하며 '내가 할 말'만 생각했습니다. 게다가 논쟁을 좋아했고, 논쟁 끝에 상대를 굴복시키는 것을 좋아했습니다. 그래서 논리에서 밀리더라도 우격다짐으로 의견을 밀어붙였습니다. 말을 잘 들어주는 사람을 붙잡고 마음에 안 드는 사람을 비판하기도 했습니다.

그야말로 최악이지요? 지금 제 주변에 이런 사람이 있다면 곧바로 도망갈 것입니다(웃음). 그러나 그때는 이게 내 스타일이니 아무 문제 없다고 믿었습니다. '자의식 덩어리'라는 말이 있는데, 제가 바로 그런 사람이었습니다.

듣는 역할을 자처했더니
실적이 오르기 시작했다

저는 돈도 별로 없었고 외국으로 공부하러 갈 여유도 없었습니다. 그래서 말하는 방식부터 바꾸기로 했습니다. '일단 듣자.' 그리고 '상대의 반응과 기분을 배려해 말을 골라서 하자.'라고 결심했습니다. 물론 습관이 바로 바뀌지는 않았지만 시행착오를 반복하며 듣는 법과 말하는 법을 조금씩 개선했습니다.

우선은 상대의 말을 들을 때 웃으며 공감하려고 노력했습니다. 그랬더니 효과가 즉시 나타났습니다. 몇 개월도 되지 않아 사내 소통이 원활해지고 매출이 점점 오르기 시작한 것입니다. 가게 직원들은 제 말을 훨씬 빨리 이해하게 되었고, 심지어 스스로 생각하고 능동적으로 움직이게 되었습니다.

무엇보다 기뻤던 것은 그들과 저 사이에 일체감이 생겼다는 점이었습니다. 전에는 제가 혼자서 달려 나가는 기분이었다면, 이제는 사내 분위기가 명확히 무엇이든 '우리 다 함께' 하는 것으로 바뀐 것입니다. 게다가 영향력 있는 선배님이 저를 잘 봐주신 덕분에 귀중한 인맥을 얻게 되었고, 불리해 보였던 교섭에 성공하는 등 이런저런 행운을 만나며 많은 성과를 얻었습니다.

예전부터 여러 선배님들에게 '상대를 이해하는 것에서

모든 일이 시작된다. 우선 상대의 이야기를 잘 들어라.'라는 가르침을 몇 번이나 받은 덕분에 화법을 개선해 가까스로 여기까지 올 수 있었던 것입니다.

운이 트이는 소소한 말버릇 **06**

상대의 이야기를 잘 들으면 인생 자체가 달라진다.

07

사람은 누구나 남이 자신을
알아주길 바란다

스티브 잡스가 여성에게 구애하는 방법

지금까지 '듣기는 말하기의 일부다. 그러므로 말을 잘하기 위해서는 먼저 잘 들어야 한다.'라는 이야기를 했습니다. 이제는 앞에서 말했다시피 '사람은 누구나 자신에게 관심이 가장 많다. 그러므로 상대의 관심을 끌고 싶다면 상대에게 먼저 관심을 기울여야 한다.'라는 이야기를 하려 합니다.

상대의 관심을 끌기 위해 제일 먼저 할 일은 '이 사람은 어떤 사람이고 무엇을 좋아할까?' 생각하면서 상대를 관찰하는 것입니다. 지금은 전설이 된 애플의 창업자 스티브 잡스는 이렇게 말했습니다.

"아름다운 여성의 마음을 얻고자 할 때, 만약 경쟁자가 장미꽃 열 송이를 선물한다면 당신은 장미꽃 열다섯 송이를 선물하겠습니까? 그렇게 생각한다면 당신은 이미 진

것이나 마찬가지입니다. 경쟁자가 무엇을 하는지는 전혀 상관없습니다. 여성이 정말로 원하는 것이 무엇인지 파악하는 게 중요합니다."

다르게 표현하면 '관찰을 통해 상대가 정말로 원하는 것이 무엇인지 진지하게 탐구하자. 그러면 반드시 잘될 것이다.'라고 말할 수 있습니다. 이와 같이 인간의 욕구에 끝없는 관심을 기울인 덕분에 애플이 지금처럼 번창하게 된 것입니다.

사랑받는 사람이 되는 '세 가지 표정'

이야기가 너무 멀어졌으니 원래 이야기로 돌아갑시다. 사람은 누구나 남이 자신의 기분을 알아주기를 바라고 남이 자신의 이야기를 들어주기를 바랍니다. 그래서 자신의 이야기를 들어주는 사람을 소중하게 여깁니다.

당신은 주변 사람의 이야기를 관심을 가지고 귀 기울여 듣고 있습니까? 상대에게는 아무런 관심이 없는 채로 자신의 이야기만 하고 있지는 않습니까? 유창하게 말하는 것도 좋지만 그것은 아나운서나 연예인 등 일부 전문가들에게나 필요한 일입니다. 우리에게 필요한 것은 우리가 상대에게 얼마나 관심을 기울이고 있는지를 표현하는 일입니다.

상대에게 '나는 당신에게 관심이 있다.'라고 효과적으로 전달하려면 어떻게 해야 할까요? 그러려면 '얼굴 표정', '목소리의 표정', '몸 전체의 표정', 이 세 가지를 효과적으로 활용해야 합니다. 구체적으로는 '웃으면서 듣고, 감정을 실어서 말하고, 몸짓으로 상대에게 반응'해야 합니다.

거듭 말하지만 사람이라면 누구나 남이 자신을 알아주기를 바랍니다. 성공하는 사람은 먼저 말하지 않고 이야기를 들어줌으로써 상대의 마음의 문을 엽니다. 또한 '웃으면서 듣고, 감정을 실어서 말하고, 몸짓으로 상대에게 반응'하는 세 가지 표정을 활용한 '듣기'를 실천함으로써 듣는 힘을 강화합니다.

성공하는 사람은 '얼굴 표정', '목소리의 표정', '몸 전체의 표정', 이 세 가지 표정을 활용해 상대의 말에 주의 깊게 귀를 기울임으로써 큰 이득을 얻습니다.

운이 트이는 소소한 말버릇 **07**

'얼굴 표정', '목소리의 표정', '몸 전체의 표정'으로 상대에게
관심이 있음을 표현한다.

성공하는 사람은 '듣기'의 고수

듣는 힘을 세 가지 표정으로 강화할 수 있다.

08

상대가 기분 좋게
말하게 만드는
'확장 화법'의 힘

말 잘하는 사람이 쓰는 '확장 화법'

지금까지 나온 내용을 한 번 더 짚어봅시다. 앞에서 사람의 욕구에 관한 대원칙 세 가지를 말씀드렸습니다.

첫째는 '사람은 누구나 자신을 가장 소중히 여긴다. 그리고 자신에게 관심이 가장 많다.', 둘째는 '사람은 누구나 남이 자신을 인정해주기를 바라고 남이 자신을 알아주기를 바란다.', 셋째는 '사람은 자신을 알아주는 사람을 좋아한다.'입니다. 성공하는 사람은 이 세 원칙을 명확히 이해하고 사람들과 소통합니다.

그러면 이번에는 성공하는 사람이 자연스럽게 활용하는 말하기 기술을 소개하겠습니다. 그것은 이야기를 확장하는 '확장 화법'입니다. 이야기만으로 사람을 매료시키기는 어렵습니다. 그러나 확장 화법을 쓰면 상대가 스스로 자신의 이야기를 펼쳐나가도록 유도할 수 있습니다. 잘 들으면서 이야기를 조금씩 확장하도록 돕기만 하면 상대에게 호감을 얻어서 '다시 만나고 싶은 사람'으로 기억될 수 있습니다.

그럼 곧바로 확장 화법의 흐름을 설명하겠습니다. 확장 화법에는 순서가 있습니다. 감탄 → 반복 → 공감 → 칭찬 → 질문입니다.

① 감탄: 상대의 이야기를 듣고 어떤 감정이 들었는지 표현한다

상대: "이런 일이 있었어요."

나: "어머~! 진짜~? 우와~! 이야♡ 그랬어요?(미소)"

말을 잘하는 사람은 이런 감탄사를 상대의 말에 맞춰 자유자재로 구사합니다. 감탄할 때 중요한 점은 두 가지입니다.

우선 문장 끝의 '!', '?' 등입니다. 글로 표현하기는 어렵지만 자신의 말끝에 이모티콘을 붙인다는 생각으로 감정을 담으면 됩니다. 만약 평소 소통에 자신이 없는 분이라면 실제 감정을 '열 배'로 강하게 표현한다고 생각하시기 바랍니다.

두 번째 포인트는 '~', 즉 감탄사를 길게 늘이는 것입니다. 화자의 감정이 이 '~' 부분에 실립니다. 시험 삼아 소리 내어 '그렇구나'와 '그렇구나~'를 번갈아 말하며 느낌을 비교해보세요. '~' 부분에 감정이 실리는 것을 알 수 있을 것입니다. 바로 이 감정이 상대에게 전달됩니다.

감탄에는 강력한 힘이 있습니다. 이렇게 감탄을 표현하면 상대는 신이 나서 이야기를 확장해나갈 것입니다.

② 반복: 상대의 말을 반복한다

상대: "난 겨울마다 스노보드 삼매경이야."
나: "어머~ 스노보드요?"

상대: "나 요즘 애인이랑 사이가 안 좋아."
나: "저런! 애인이랑 사이가 안 좋구나."

상대: "얼마 전부터 조깅을 하고 있어."

나: "우와~ 조깅? 좋은데!"

상대: "한강 달리기 같은 것도 해보려고."

나: "한강 달리기? 괜찮다! 나도 해보고 싶어."

상대: "저는 카레를 아주 좋아해요."

나: "오, 카레를 좋아하는군요!"

상대: "향신료를 잔뜩 준비해서 직접 만든다니까요."

나: "향신료까지 준비해요? 정말 맛있겠네요!"

이런 식으로 상대의 말을 반복하면 상대는 "네. 맞아요. 사실은 이런 일이 있었는데……"라며 다음 이야기를 꺼낼 것입니다.

③ 공감: 상대의 이야기에 감정을 실어 이해를 표시한다

"알겠어요.", "힘들었겠네요.", "좋았겠어요.", "괴로웠구나.", "잘했어." 등 상대의 감정을 이해하는 말을 합니다. 상대의 이야기에 고개를 크게 끄덕이고 '상대와 같은 표정'을 지으며 때로는 힘차게, 때로는 조용히 말합니다.

④ 칭찬: 상대를 평가한다

"멋져!", "대단해!" 혹은 "역시 당신이야." 같은 말을 앞에서 말했듯이 감정을 '열 배'로 강하게 표현한다고 생각하고 말합시다.

⑤ 질문: 상대의 이야기와 관련한 질문을 던져 상대가 대화를 이끌도록 한다

"정말? 그래서?", "그래서 어떻게 됐어?", "조금 더 얘기해줘.", "지금은 괜찮아? 힘들지 않아?" 등의 질문을 던집니다. 적절한 시점에 질문을 던지면 상대는 점점 더 신나서 더 이야기할 것입니다. 그러면 대화가 계속 자연스럽게 흘러갑니다.

이 확장 화법의 가장 큰 목적은 상대의 이야기를 '확장'하는 것입니다. 상대가 주로 이야기하고 당신은 듣는 입장이라 해도 실제 주도권은 당신에게 있음을 기억하길 바랍니다. 사람은 기본적으로 남이 자신을 알아주기를 바랍니다. 그러므로 확장 화법을 사용하면 상대가 기분 좋게 말을 많이 할 것입니다. 이처럼 기분 좋게 말을 많이 하도록 도와줘서 '또 만나고 싶은 사람'으로 기억되어야 합니다.

운이 트이는 소소한 말버릇 08

내 이야기를 하기보다 상대의 이야기를 확장한다.

대화의 고수가 사용하는 '확장 화법'

① 감탄

이런 일이 있었어

이야♪
그랬구나^_^

② 반복

저는 카레를 아주
좋아해요

오, 카레를
좋아하시는군요!

③ 공감

이번에는
꽤 힘들었어

정말 힘들었겠다

고개를 끄덕이며 상대와
같은 표정을 짓는다

④ 칭찬

책을
출간하게 됐어

대단해!!!!!!!!!!
역시 너구나♪ ♪ ♪ ♪

⑤ 질문

그렇게 했더니
이렇게 됐어

그다음엔
어떻게 됐어?

09

물 흐르듯 자연스럽게
대화를 하고 싶어서

이것만 외우면 확장 화법을
내 것으로 만들 수 있다

앞에서 확장 화법에 대해 설명했습니다. 확장 화법에는 듣기가 더 중요하다는 것을 이해하셨으리라 믿습니다. 뭉뚱그려 '상대의 이야기를 확장한다.'라고 했지만, 확장 화법의 패턴은 말하는 내용에 따라 다양하게 변주될 수 있습니다. 그러므로 '이런 화제가 오갈 때는 이런 말이 효과적이다.'라고 생각하는 키워드를 목록으로 만들어두고 상황에 맞게 적용하면 편리할 것입니다.

제가 만든 목록 일부를 소개하겠습니다.

"그렇구나. 알았어."

"힘들었겠네."

"그랬구나~ 잘했어!"

"잘됐다~ 나도 기뻐."

"이야, 그거 대단한데."

"역시!"

"잘할 줄 알았어."

"그래, 그렇구나. 맞는 말이야!"

"진짜? 그래서 어떻게 됐는데?"

"오, 재미있어지는데."

"많이 배웠습니다."

"고마워. 정말로 기뻐."

"괜찮아. 다 잘될 거야."

"난 당신 편이야."

"같이 생각해보자."

"당신 덕분입니다."

"도움이 많이 됐어요."

"앞으로도 잘 부탁드릴게요."

이것 말고도 더 많지만, 중요한 점은 키워드를 이렇게 미리 모아두었다가 활용하면 임기응변으로 말할 때와는 전혀 다른 결과를 얻을 수 있다는 사실입니다. 이 키워드들과 당신 나름의 질문을 활용해서 상대의 이야기를 확장

해나가다 보면 당신은 반드시 상대에게 필요한 사람이 되어 있을 것입니다.

운이 트이는 소소한 말버릇 **09**

상대의 이야기를 확장하기 위한 키워드 목록을 미리 만들어둔다.

10

무의식의 힘을 활용하면
습관이 된다

습관화한 것은 사라지지 않는다

확장 화법의 키워드를 그때그때 써먹을 수 있게 외우려면
어떻게 해야 할까요? 사람의 마음은 크게 '의식'과 '무의식'
으로 구분됩니다. 시험 전날 벼락치기로 외우는 것은 의식
의 영역을 활용하는 방식입니다. 그렇게 외운 것은 시험을
칠 때까지만 기억에 남고 시험이 끝나는 순간 기억에서 사
라집니다. 그래서 저는 무의식의 힘을 활용할 것을 추천합
니다. '무의식의 힘'을 활용한다는 것은 '습관화'한다는 말
입니다. 습관화한 기억은 쉽게 사라지지 않습니다.

습관화하기 좋은 세 가지 장소

그러면 어떻게 해야 확장 화법의 키워드를 습관화할 수 있

을까요? 자신의 무의식이 발동하는 순간, 즉 멍한 상태일 때 눈길이 가는 곳에다 키워드를 붙여두고 외우면 됩니다.

첫 번째 장소는 화장실입니다. 화장실 학습의 위력은 새삼 설명할 필요도 없습니다. 화장실은 누구나 하루에 한 번 이상 들어가는 곳이고 들어갈 때마다 같은 곳을 쳐다보기 때문입니다. 그곳에 키워드를 붙여두기만 하면 됩니다.

두 번째 장소는 기상 직후와 취침 직전에 항상 눈길이 머무르는 곳, 즉 천장입니다. 천장도 화장실과 마찬가지로 반드시 보게 되는 곳이 있습니다.

요즘은 습관화하기에 좀 더 편리한 수단이 생겼습니다. 다른 사람은 보지 못하고 언제나 자신만 보는 것, 아침에 눈을 뜰 때나 저녁에 눈을 감기 전에 꼭 보는 것. 다 눈치채셨겠지요? 스마트폰입니다.

세 번째 장소는 '스마트폰 대기 화면'입니다. 거의 모든 사람이 스마트폰 화면을 매일 봅니다. 스마트폰 화면을 하루에 한 번도 보지 않는 현대인은 거의 없을 것입니다. 그러므로 스마트폰 대기 화면에 키워드를 입력해두면 대체로 일주일에서 열흘 사이에 외울 수 있을 것입니다. 다 외운 후에는 원래 화면으로 바꾸면 됩니다. 만약 부끄러워서 남에게 보이기 싫다면 사흘만 띄워두겠다는 식으로 기한을 정해놓고 그동안 더 자주 보면 됩니다.

이처럼 매일 자신의 눈길이 가는 곳에 키워드를 붙여서 무의식적으로 외우다 보면 어느새 그 말이 습관이 되어 있을 것입니다.

말버릇을 바꿔 남에게 사랑받는 사람은 소통에 서툰 사람과는 비교할 수 없을 만큼 엄청난 운이 따르고 이득을 얻게 되니 꼭 시도해보세요. 물론 강요하는 것은 아닙니다. 다만 조금이라도 '해볼까?' 하는 생각이 들었다면 지금 당장 도전하시길 바랍니다.

운이 트이는 소소한 말버릇 10

'화장실', '천장', '스마트폰 대기 화면'을 활용해 확장 화법을 습관화한다.

말버릇을 바꾸니 운이 트이기 시작했다

키워드를 습관화하는 방법

① 화장실에 키워드를 붙인다

② 천장에 키워드를 붙인다

③ 스마트폰 대기 화면에
키워드를 띄운다

2부

또 만나고 싶어지는
사람의 말버릇

11

말을 잘하려고 하기 때문에
못하는 것이다

중요한 것은 생각과 자세

말하는 방식에 대해 당신에게 미리 알려둘 것이 있습니다. '말 잘하는 기술'이 일반적인 대화에서 꼭 필요하지는 않다는 점입니다. 막힘없이 유창하게 말하는 것이 중요하다고 생각하는 사람이 많지만 실제로 가장 중요한 것은 대화에 임하는 생각과 자세입니다.

대화에서는 화자가 무슨 이야기를 하고 싶은지, 상대방을 어떤 마음으로 보고 있는지가 반드시 드러납니다. 이 사실을 의식하면서 적절한 말을 택해야 합니다. 그래야만 사람의 마음을 사로잡는 진정한 대화의 고수가 될 수 있습니다.

논어에 '교언영색선의인巧言令色鮮矣仁, 강의목눌근인剛毅木訥近仁(말을 잘하고 얼굴빛을 밝게 꾸미는 사람치고 참으로 어진 사람이 없다. 진정한 인격자는 오히려 입이 무겁고 무뚝뚝하다.)'

이라는 말이 있습니다. 이 격언의 뜻처럼, 말이 유창하지 않고 어눌하더라도 그 말에 진심을 담는다면 상대의 마음을 사로잡을 수 있습니다.

정확한 발음으로 매끄럽게 말한다 해도 그 말에 진심이 담겨 있지 않으면 듣는 사람의 마음이 움직이지 않습니다. 반면 이따금 흐름이 끊어지더라도 진심으로 전하고 싶은 것을 열심히 전하는 사람의 말은 듣는 이의 마음을 움직입니다. 여러분이 말할 때도 마찬가지입니다.

'힘'을 빼라

말재주가 없는 사람은 굳이 말을 잘해야겠다고 생각하지 않아도 됩니다. 그러다 당신의 아름다운 내면이 받지 않아도 될 스트레스로 일그러진다면 그만큼 안타까운 일이 어디 있겠습니까?

말을 잘하지 못하면 그렇다고 솔직하게 밝혀도 됩니다. 말이 매끄럽게 나오지 않더라도 초조해할 필요는 없습니다. 단어를 차근차근 고르면서 천천히 이야기하면 됩니다.

그런 마음으로 상대와 마주하면 마음이 반드시 통할 것입니다. 말은 소통의 도구이므로 말을 이용해 생각을 제대로 전하는 것이 가장 중요합니다.

그렇게 생각하면 말재주가 없고 말수가 적더라도 상대에게 천천히 진의를 전달하는 사람이야말로 진정한 대화의 고수가 아닐까요?

운이 트이는 소소한 말버릇　11

말이 매끄럽게 나오지 않더라도 초조해하지 말 것! 단어를
차근차근 고르며 자신의 속도대로 말한다.

12

지금 껄끄러운 사람에게는
말을 걸지 마라

침묵은 나쁜 것이 아니다

다른 사람과 함께 엘리베이터를 탔을 때 침묵이 흐르면 어색해서 눈치를 보게 된다는 고민을 듣고 깜짝 놀란 적이 있습니다. 할 말이 없으면 안 하면 됩니다. 그냥 가볍게 생각하세요. 그런데 당신이 그렇게 하지 못하는 것은 무의식적으로 '침묵은 나쁜 것'이라고 믿기 때문일 것입니다.

친한 사람과 엘리베이터를 탔을 때는 잠시 침묵이 흘러도 어색한 느낌이 들지 않습니다. 그런데 낯선 사람과 엘리베이터를 탔을 때 침묵이 어색하게 느껴지는 것은 '대화하기 싫은 사람과도 대화해야 한다.'라고 오해하고 있기 때문이 아닐까요? 당신은 상대가 어떤 사람인지 아직 모릅니다. 사람마다 개성이 있으니 그 사람의 결이 당신과 맞지 않을 수도 있습니다. 그런데도 억지로 말을 걸려고 하는 것은 무모한 노력입니다.

침묵은 나쁜 것이라는 잘못된 믿음에서 하루빨리 벗어 납시다. 엘리베이터는 공공장소이니 억지로 다른 사람에게 말을 걸기보다는 내린 다음에 할 일을 생각하면서 시간을 보내면 됩니다. 혹은 "안녕하세요?"라고 웃으며 인사한 다음 혼자서 생글거리고 있으면 되지 않을까요? 웃음도 일종의 대화니까요.

편한 사람과 대화하며 작은 성공을 쌓아라

대화법 강의를 하다 보면 '대화하기 껄끄러운 사람과의 거리를 좁히고 싶어서' 강의에 참석한 사람이 많다는 사실에 놀라곤 합니다. 말하기는 운동과 비슷해서 초보자가 갑자기 유단자 흉내를 낸다고 해서 실력이 향상되는 것이 아닙니다.

제가 하고 싶은 말은 대화하기 껄끄러운 사람과는 거리를 억지로 좁히려 하지 않아도 된다는 것입니다. 다시 말해, 현재 시점에서 대화하기 어려운 사람과는 굳이 대화하지 않아도 됩니다. 그런 사람은 최대한 마주치지 않는 것이 낫습니다. 사람을 말없이 지나치는 것은 당신이 생각하는 만큼 나쁜 행동이 아닙니다.

우선은 대화하기 편한 사람과 이야기하며 대화 능력을 연마해야 합니다. 그러기 위한 가장 좋은 방법이 대화하기 편한 사람과 교류하는 시간을 늘리는 것입니다.

게임에서든 영화에서든 처음부터 '최종 보스'를 쓰러뜨리지는 못합니다. 우선은 당신이 대화하기 편한 사람, 질문하기 편한 사람, 당신의 말에 공감해주는 사람과 이야기하며 작은 성공을 쌓길 바랍니다.

운이 트이는 소소한 말버릇 **12**

처음부터 '최종 보스'를 쓰러뜨리려 하지 마라. 일단은 대화하기 편한 사람과 교류하며 대화 능력을 연마하라.

말버릇을 바꾸니 운이 트이기 시작했다

13

혼잣말이 가진
대단한 위력

무턱대고 칭찬하는 것의 위험성

남을 칭찬하는 일은 대화에서 매우 중요합니다. 상대를 칭찬하라고 가르치지 않는 대화법 강의가 없을 만큼 '칭찬의 방법'은 대화의 중요한 테마입니다. 하지만 무턱대고 칭찬만 한다고 해서 좋은 결과가 나오는 것은 아닙니다. 사람에게는 누구나 말을 내뱉은 상대방의 마음을 민감하게 알아채는 센서가 있습니다. 평소에 남을 칭찬하지 않던 사람이 대화법 강의에 갔다 와서 "오늘도 웃는 얼굴이 멋지네요."라고 칭찬하면, 상대방은 '갑자기 왜 저래? 무슨 꿍꿍이야?'라고 의심하기 마련입니다. 상대가 무엇을 소중하게 생각하고 어떤 칭찬을 받으면 기뻐할지 면밀히 관찰해 진심으로 칭찬하는 것이 중요합니다.

'지금이다' 싶을 때 사용하면 효과적인 '역시'

이번에는 처음 만난 사람이 아니라 평소에 시간을 함께 보내는 사람을 칭찬할 때 쓰기 좋은 마법의 키워드와 그것을 올바르게 사용하는 방법을 소개하겠습니다. 당신이 반드시 습관화해야 할 키워드는 바로 '역시'입니다.

"역시 해낼 줄 알았어.", "역시 맛있어."

'역시'라는 말에는 굉장한 에너지가 있습니다. 평소에 함께 지내는 사람에게 칭찬받으면 기쁘기 마련인데 거기에 '역시'까지 붙으면 상대는 '나를 평소에 그렇게 생각했구나.' 싶어 더욱 큰 기쁨을 느낍니다. '역시'에는 '평소에도 그렇게 생각했다.'라는 메시지가 포함되어 있습니다.

상상 이상으로 강력한 칭찬의 요령

칭찬하는 방법을 한 가지 더 알려드리겠습니다. 직접 칭찬해주는 것은 고마운 일이지만, 대부분의 사람들은 면전에서 칭찬을 받으면 쑥스러워합니다. 칭찬을 받으면 겸손하게 사양하는 습관이 뿌리 깊게 배어 있기 때문입니다. 그런 사람에게는 어떤 칭찬 방식이 효과적일까요?

바로 '혼잣말로 중얼거리기'입니다. 이전에 제가 경영하던 음식점에서 이런 일이 있었습니다. 제 가게에서는 1년에 몇 번씩 큰 이벤트를 열곤 했습니다. 그런데 어느 해 이벤트 뒤풀이에서 참가자 지갑 속에 있던 돈이 사라진 사건이 발생했습니다. 당사자가 알아서 할 일이라고 해버리면 그만이지만, 뒤풀이가 끝난 후 저와 가게 직원들은 경찰서에 가서 사정을 설명했습니다. 다행히 방범 카메라가 있어서 범인을 찾아냈지만 우리는 이튿날 밤에야 가게로 돌아올 수 있었습니다. 저를 비롯한 모든 직원이 녹초가 되어 있었습니다.

"왜 이런 일이 일어났을까? 내년에는 이벤트를 열지 말지 한 번 더 생각해봐야겠어."

그런 대화를 하면서 모두 테이블에 엎드려 있었습니다. 그런데 그때, 가게에서 제일 어린 직원이 아무 말 없이 우리에게 차를 가져다주더니 작은 목소리로 말했습니다.

"이렇게까지 안 해도 되는데. 역시 우리 팀이 제일 멋있네……."

그는 그렇게 혼잣말처럼 중얼거리며 주방으로 돌아갔습니다. 모두가 그 말 한마디에 벌떡 일어나 고개를 들고 서로 눈을 마주쳤습니다. 한순간 침묵이 흘렀습니다. 그리고 누가 먼저랄 것도 없이 이야기했습니다.

"저 녀석…… 고마운 소릴 하는데?"

"그러게. 어쩐지 힘이 나네."

"내년에도 잘해볼까?"

"맞아요. 내년엔 더 잘해봐요."

사람들은 의외로 단순합니다. '역시'라는 말 한마디에 모두가 멀쩡하게 되살아났습니다.

"역시 너한테 오길 잘했어.", "역시 대단하구나."

어떻습니까? 상대방이 얼굴을 보거나 눈을 마주하며 말하는 것이 아니라 혼잣말하듯 이렇게 중얼거린다고 생각해보세요. 상상만 해도 미소가 새어 나오지 않습니까? 여러분도 타이밍이 맞을 때 꼭 써보세요. 하지만 이 말은 상상 이상으로 강력하니 절대 악용하시면 안 됩니다(웃음).

운이 트이는 소소한 말버릇 **13**

'지금이다' 싶을 때 '역시'라고 혼잣말을 하자.

말버릇을 바꾸니 운이 트이기 시작했다

상대가 뛸 듯이 기뻐하는 칭찬

무턱대고 칭찬하면
효과가 없다

① '역시'를 활용한다

② 혼잣말을 한다

평소에 그렇게 생각하고
있었다는 메시지가
전달된다

겸양의 습관이 몸에 밴
사람에게 효과 만점

14

상대에게 도움이
되고 싶다는 마음으로
대화하라

거의 모든 일이 좋고 싫음으로 움직인다

역설적이지만, 당신이 말을 잘해야겠다고 생각할수록 상대는 '이 사람은 더 만날 필요가 없다.'라고 생각하게 될 가능성이 큽니다. 내가 다가서면 상대는 물러서고 내가 밀면 상대는 당깁니다. 이것이 인간관계의 기본 역학입니다.

'말을 잘해야겠다'는 마음이 엿보이면 상대는 '저 사람이 나에게 아첨해서 이득을 얻으려 한다.'라고 느껴 뒤로 물러서기 쉽습니다. 반면 상대를 돕고 싶다는 마음으로 대화하면 그 마음이 자연스럽게 전달되어 상대도 당신의 말에 진지하게 귀를 기울일 것입니다. 그러니 항상 마음에 새겨두세요. 내가 하고 싶은 말이 아니라 상대가 듣고 싶은 말을 해야 합니다.

얼핏 보면 세상일이 규칙이나 정론으로 움직이는 듯 보이지만 사실은 거의 모든 일이 사람의 감정에 의해 움직이고 있습니다. 간단히 말해 비즈니스든 친구 관계든 동호회든 전부 '좋고 싫음'에 따라 움직입니다.

우리는 어릴 때 부모와 선생님에게서 '좋고 싫음으로 사람을 판단해서는 안 된다.'라고 배웠습니다. 그러나 부모와 선생님들도 사실은 좋고 싫음으로 움직이고 있습니다.

그러므로 우리는 일상의 사소한 대화에서도 '내가 하고 싶은 말'이 아니라 '상대가 듣고 싶은 말'을 해야 합니다. '옳은 말'이 아니라 '사랑받는 말'을 하는 것이지요. 그렇게 해야 '또 만나고 싶어지는 마음'이 들게 할 수 있습니다.

내가 하고 싶은 말이 아니라
상대가 듣고 싶은 말을 한다
————

비즈니스에서도 마찬가지입니다. 고객은 같은 상품을 사더라도 자신이 호감을 느끼는 영업사원에게 지갑을 열기 마련입니다. 결국 중요한 것은 '사람으로서 호감을 얻느냐 못 얻느냐'입니다. 일방적으로 자신이 팔고 싶은 것만 이야기하면 아무리 훌륭한 상품이라도 팔지 못할 것입니다. 그러지 말고 상대에게 도움이 되고 싶다는 마음으로 상대의 필요를 채워주는 이야기, 호감을 얻을 만한 이야기를 하는 것은 어떨까요?

예를 들어, 자신의 업무와 직접 관련이 없더라도 "전에 이런 일로 곤란했다고 말씀하셨죠? 사실은 이런 정보가 있어서 알려드리고 싶었습니다."라는 식으로 상대가 관심을 기울일 만한 정보를 전달하는 것입니다.

비효율적으로 보일지 모르지만, 상대의 마음을 우선시해 '호감을 얻을 만한 이야기'를 하는 사람이 언젠가 큰 기회를 잡습니다. 상대가 필요로 하는 이야기, 상대가 좋아하는 이야기를 하면 결국은 큰 이익을 얻게 될 것입니다.

운이 트이는 소소한 말버릇 **14**

'상대가 좋아하는 이야기', '상대에게 도움이 되는 이야기'를 하라.

15

이름을 외우는 사람이
사랑받는다

상대의 '직함'보다 '이름'을 먼저 외워라

처음 만난 사람과 명함을 교환했을 때 무엇을 먼저 보십니까? 무엇을 먼저 보느냐에 따라 대화의 분위기와 당신의 첫인상이 달라집니다. 사람들 대부분은 상대의 회사 이름과 직함에 주목합니다. 그러나 상대의 회사나 직함보다도 상대의 이름을 먼저 봐야 합니다. 이름으로 만남을 시작하면 처음 본 상대와도 대화가 화기애애하게 진행됩니다.

사람은 태어나는 순간부터 이름과 함께 삽니다. 또한 사람의 이름에는 그 이름을 지어준 부모의 마음이 담겨 있습니다. 업무용 이름이라 해도 그 사람 스스로 생각해낸 것이니 마음이 담겨 있다는 점에서는 똑같습니다. 명함이란 그런 소중한 정보를 단숨에 공유하게 해주는 멋진 도구입니다. 첫 만남에서 명함을 받자마자 상대의 이름을 부르는 것이 중요합니다.

예를 들면 이런 식입니다.

"처음 뵙겠습니다. ○○ 주식회사의 D라고 합니다."

"반갑습니다. ○○(자신의 이름)라고 합니다. D 씨 회사의 상품은 잘 쓰고 있습니다."

사적인 만남에서도 마찬가지입니다. 이렇게 이름을 부르며 말하면 상대와 친해지고 싶은 마음, 친구가 되고 싶은 마음을 산뜻하게 표현할 수 있습니다.

중요한 것은 '이름을 알자마자 상대를 이름으로 부르는 것' 그리고 '되도록 상대의 이름으로 대화를 시작하는 것'입니다.

처음 만난 사람과 심리적 거리를 줄이는 묘수

소통을 잘하는 사람은 말의 여기저기에 상대의 이름을 넣어가며 절묘한 거리감을 유지합니다. 거듭 말하지만 사람은 누구나 자기 자신을 가장 소중히 여깁니다. 그러므로 상대가 자신의 이름을 자주 불러주면 존재가 받아들여진 듯한 느낌이 들어서 안도감과 친근감을 느끼게 됩니다.

'이름으로 대화를 확장하는 것'과 '이름을 자주 부르는 것'. 즉 상대의 이름에 집중하는 것은 상대의 존재 자체에 집중하는 것과 같습니다. 특별히 재미있는 이야기나 어려운 이야기를 하지 않아도 됩니다. 상대의 이름만 자주 불러도 처음 만난 사람과의 심리적 거리를 확 줄일 수 있습니다.

이런 식으로 첫 만남에서 좋은 인상을 남기고 두 번째 만남에서는 얼굴을 보자마자 상대의 이름을 부르세요. 그러면 당신의 호감도가 아주 높아질 것입니다.

운이 트이는 소소한 말버릇 **15**

상대의 이름을 외워서 즉시 부르며 말한다.

이름을 부르며 대화하면 심리적 거리가 줄어든다

자연스럽게 상대의 이름을 부른다

이름을 기억하는 사람이 사랑받는다

16

상대를 이야기의
주인공으로 만드는 한마디

사람을 모으고 운을 끌어들이는 말버릇

곧바로 본론으로 들어가겠습니다. 다른 사람과 대화할 때 기억해두면 매우 도움이 되는 요령이 있습니다. 그것은 상대방 위주의 언어를 자주 쓰는 것입니다. 대화에서 상대를 많이 언급할수록 사람들에게 사랑받습니다.

왜일까요? 답은 간단합니다. 누구나 속으로는 자기 자신을 제일 좋아하기 때문입니다. 그래서 대화 중에 자신을 주인공으로 만들어주는 사람을 좋아하게 되는 것입니다.

긍정적인 언어에도 자기 위주의 언어와 상대 위주의 언어가 있습니다. '즐겁다', '행복하다'라는 말은 어디까지나 자기 위주의 언어입니다. '본인이 즐겁다는 얘길 지금 여기서 왜 하는 거야?' 당신의 말을 들으면서 이렇게 생각하는 사람도 있을 것입니다. 그러나 상대 위주의 언어를 사용하면 상대를 행복하게 만들 수 있습니다.

"너를 만나면 안심이 돼.", "언제나 기분 좋게 대해주셔서 감사합니다. 당신의 그런 점이 좋습니다.", "다들 ○○ 씨처럼 되고 싶대요."……

이 말들은 얼핏 보기에 자기 위주의 언어 같지만 사실은 상대 위주의 언어입니다. 이런 말을 자주 쓰는 사람을 불쾌하게 느낄 사람은 없습니다. 평소에 쓰는 말 중에 상대 위주의 언어가 많은지, 자기 위주의 언어가 많은지 관찰해보세요. 사랑받는 사람은 항상 상대 위주의 언어를 많이 사용하는 것을 알 수 있을 것입니다.

운이 트이는 소소한 말버릇 16

상대 위주의 언어를 자주 써서 상대를 대화의 주인공으로 만든다.

상대 위주의 언어를 쓰는 사람은 주변 사람들을 매료시킨다

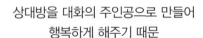

왜?

상대방을 대화의 주인공으로 만들어
행복하게 해주기 때문

사람은 누구나 자기 자신을 가장 좋아한다

17

설득하려 들지 않는
사람의 마력

즐거워 보이는 사람과 함께하고 싶은 심리

회사나 동호회에서 하고 싶은 일이 있을 때 주위 사람들을 끌어들이고 싶은 열의를 너무 드러내면 오히려 사람이 모이지 않을 수 있습니다. 마음이 간절하다고 해서 자기 위주의 언어로 억지로 설득하려고 덤벼들면 상대의 마음이 오히려 멀어집니다. '주위 사람들을 설득하지 않으면 아무도 협력해주지 않을 텐데……'라고 생각할지도 모르겠습니다. 하지만 사실은 설득하는 것보다 더 효과적으로 사람을 끌어들이는 방법이 있습니다.

전에 이런 동영상을 본 적이 있습니다. 많은 사람이 오가는 광장에서 한 남자가 갑자기 음악에 맞춰 춤을 추기 시작합니다. 사람들은 그를 의아한 눈으로 지켜봅니다. 그를 못 본 척하며 빠른 걸음으로 광장을 지나치는 사람도 많습니다. 그러나 시간이 조금 흐르자 다른 사람이 함께 춤을 추기 시작합니다. 그 후 한 사람, 또 한 사람씩 춤추는 사람이 늘어나면서 결국 광장이 야외 무도장처럼 되어 버렸습니다.

처음엔 혼자라도 먼저 즐기다 보면 동참하는 사람이 자연스럽게 생겨나 결국은 큰 무리를 이루게 됩니다. 이 동영상은 '즐거워 보이는 사람에게 동참하고 싶어지는' 사람의 심리를 명확히 보여주고 있습니다.

사람을 설득하려고 덤벼드는 것은 길 가던 사람을 춤추게 하려고 억지로 손을 잡아끄는 것과 같습니다. 그보다는 혼자 즐겁게 춤추면서 동참할 사람이 스스로 다가오게 만드는 것이 좋습니다.

최강의 협력자를 만나는 방법
———

이런 방법을 쓰면 굳이 힘들게 설득하지 않아도 함께하는 사람들의 의욕을 높일 수 있습니다. 사람은 억지로 설득당해서 참여했을 때보다 스스로 좋아 보이고 재미있어 보인다고 생각해서 참여했을 때 더 의욕이 나기 때문입니다.

주위 사람들의 협력이 필요한 일이 있다면 일단 자신이 먼저 그 일을 즐겨야 합니다. 그러면 반드시 "도와줄 것 없어?"라고 말하는 사람이 나타날 것입니다. 그 사람이 바로 스스로 동참한 '최강의 협력자'입니다.

운이 트이는 소소한 말버릇 **17**

먼저 혼자 즐기면서 주변 사람들을 끌어들여라.

억지로 남을 끌어들이려 하고 있지는 않은가

지나치게 열정적으로 덤벼들면 다른 사람들이 꺼린다

이 사업은 세상에 도움이 돼!

너희도 협력해야 해!

협력하지 않으면 사회의식이 없는거야!

혼자 하면 되잖아

어쩐지 협력하기 싫어

즐거운 듯 이야기하는 사람에게 관심이 모인다

이 프로젝트 재미있어요

다들 함께하지 않을래요?

재밌어 보이네. 나도 하고 싶다

어쩐지 재밌어 보여

이 사람한테 협력하고 싶어

우선 스스로 즐겨야 한다

18

공통점은
힘이 세다

자연스럽게 대화를 이끌어주는 최강의 화제

사람은 누구나 각자의 취미와 기호가 있으며 그것을 다른 사람과 공유하고 싶어합니다. 그런 심리 덕분에 처음 만난 사람과도 우연히 서로의 공통점을 발견하면 화기애애하게 대화하며 금세 친해질 수 있습니다. 이 '우연'을 의도적으로 만들 수만 있다면 낯선 상대와 대화할 때도 무슨 이야기를 해야 할지 몰라 당황하거나 어색해지는 순간을 크게 줄일 수 있을 것입니다.

　일반적으로 정치나 종교, 혈통 등은 민감한 화제이므로 피하는 것이 좋습니다. 개인의 사상이나 출신에 관한 이야기는 자칫하면 논쟁으로 발전해 서로를 상처 입힐 우려가 있기 때문입니다. 그러면 어떤 화제를 제시해야 상처받는 사람 없이 화기애애한 대화를 만들 수 있을까요? 바로 '음식', '고향', '반려동물'에 대해 말하는 것입니다.

분위기를 밝게 만드는 '음식' 이야기

먹는 행위는 인간의 3대 욕구 중 하나를 충족하는 행위이며 만인에게 공통된 생활 습관입니다. 그러므로 음식 이야기는 대화를 확장하거나 분위기를 밝게 만드는 데 활용하기 좋은 소재입니다.

예를 들면, 파티에서는 상대가 접시에 담은 음식에 대한 이야기에서부터 시작해 대화를 이어갈 수 있습니다.

"오, 로스트비프가 맛있어 보이네요. 고기 좋아하세요?"

"네. 무척 좋아합니다."

"저도 고기 좋아해요! 혹시 가본 고깃집 중에서 추천할 만한 곳이 있나요?"

"있죠. 저는 그 집 말고 다른 고깃집에는 잘 안 가요."

"진짜 맛있나 봐요. 괜찮으시다면 가르쳐주실래요?"

"물론이죠. 그 집 이름이 뭐냐면……"

한 음식에 대해서도 어떤 스타일을 좋아하는지, 어떤 식당을 추천하는지를 이야기하면서 대화를 더욱 발전시킬 수 있습니다.

의외의 공통점을 찾는 방법

'고향' 이야기도 마찬가지입니다. 동향 사람을 만나면 동네를 화제로 삼아 이야기꽃을 피울 수 있습니다. 고향이 달라도 당황해서 화제를 바꿀 필요는 없습니다. 상대의 고향에 어떤 명물이 있는지 물어봐도 되고, 자신이 그 지역에 갔던 경험을 이야기하며 대화를 확장해도 됩니다. 고향이 달라도 지역 이야기를 공통점으로 삼을 수 있는 것입니다.

상대방이 준 '명함'을 보고 고향 이야기를 자연스럽게 꺼낼 수도 있습니다.

"K씨는 혹시 H시 출신인가요?"

"와, 잘 아시네요! 맞아요. H시 Y구 출신이에요."

"아, Y구요? 저 거기 가본 적 있어요. 찜통에 찐 장어랑 래프팅 등 명물이 많더군요."

"맞아요. 의외로 관광지가 많아서 여름휴가 때는 어딜 가든 사람이 많아요."

"제가 갔을 때는 사람이 많지 않아서 래프팅만 하고 상당히 느긋하게 지냈어요."

사람은 의외의 지점에서 이어지는 법입니다. 이런 식으로 인연이 깊어지고 관계가 넓어지는 경우가 많습니다.

생각보다 많은 사람들이 좋아하는 '반려동물' 이야기

세 번째는 '반려동물' 이야기입니다. 최근에는 반려동물을 키우는 인구가 아주 많이 늘었습니다. 실제로 500명을 대상으로 실시한 한 설문 조사에서도 '반려동물을 키운다.'라고 대답한 사람이 30퍼센트를 넘었습니다. '지금은 반려동물을 키우지 않지만 언젠가 키우고 싶다.'라고 생각하는 사람까지 포함하면 반려동물 애호 인구는 훨씬 더 많을 것입니다. 즉 누구를 만나든 반려동물 이야기가 통할 가능성이 매우 높다는 것입니다.

만약 당신이 반려동물을 키운다면 "요즘 우리 개가……"라는 식으로 상대의 반응을 떠보는 것도 좋습니다. 만약 상대도 역시 반려동물을 키우거나 동물을 좋아한다면 한동안 그 이야기를 나누며 단숨에 친해질 수 있을 것입니다.

"저번에 받은 명함을 보고 W 씨의 페이스북을 봤는데 토이푸들을 키우시더군요. 사실 저도 토이푸들을 키우고 있어요! 몇 살이에요?"

"우리 개는 세 살이에요. S 씨네 강아지는 몇 살인가요?"

"막 키우기 시작해서 이제 3개월인데 정말 귀여워요. 집에 빨리 가고 싶어서 회식을 줄였더니 생활 습관이 달라졌네요. 하하."

"정말 귀엽겠어요."

"W 씨가 저보다 오래 키웠으니 하나만 물어볼게요. 토이푸들 동호회 같은 건 없나요?"

"있어요. 관심 있으면 소개해드릴까요?"

"네. 꼭 소개해주세요!"

이처럼 음식, 출신지, 반려동물은 최강의 화제입니다.

한편 서로의 공통점을 찾아낼 때는 페이스북이 도움이 될 수 있습니다. 인스타그램이나 트위터와 달리 페이스북은 대개 실명 계정을 사용하므로 관심 있는 사람을 쉽게 찾아볼 수 있습니다.

저도 처음 알게 된 사람을 페이스북에서 검색해 좋아하는 책이나 영화 등 공통점을 찾을 때가 많습니다. 상대도 당신과의 공통점을 찾으려고 페이스북을 볼 가능성이 있으니 개인 페이지의 정보를 항상 충실히 채워놓는 것이 좋습니다. 이런 방식으로 상대와의 공통점을 찾으면 양호한 인간관계를 구축하는 데 도움이 됩니다.

운이 트이는 소소한 말버릇 **18**

최강의 화제 3종 세트를 적극적으로 활용해 상대와의 공통점을 찾는다.

19

웃게 해주는 사람이 좋은가,
함께 웃어주는 사람이 좋은가

좋아하는 사람과 이야기할 때
자꾸만 긴장하는 당신에게

'동경하던 사람을 만날 수 있게 됐어! 정말 기뻐.', '이 사람과 좀 더 친해지고 싶다.', '다음에 만나면 이런저런 이야기를 꼭 들려주고 싶어.'……

이렇게 생각했는데 막상 만났을 때는 긴장해서 하고 싶은 말을 절반도 못 하거나 쓸데없는 말만 하고 중요한 말은 못 하는 사람이 많습니다. 당신도 그런 경험이 있나요?

저도 긴장되지 않는 상대를 만날 때는 힘을 빼고 이야기하면서 자연스럽고 양호한 관계를 구축합니다. 그러나 내심 특별하다고 생각하는 상대에게는 저도 모르게 긴장해서 쓸데없는 말을 많이 하게 됩니다. 머릿속에 새겨둔 확장 화법도 어디론가 날아가버려서 결국은 후회하면서 집에 돌아왔던 적이 여러 번 있었습니다. 그래서 당신은 저 같은 실패를 겪지 않도록 마법의 키워드 두 가지를 소개해드리겠습니다.

실패 없는 마법의 키워드

"하하하. 그거 재미있네요! 어떻게 된 거예요?"

"하하하. 그거 괜찮다. 좀 더 얘기해봐."

이 두 가지입니다. 업무 관계자, 친구, 연인, 부부 등등 인간관계는 다양하지만 어떤 관계에서든 이 말로 대화를 즉시 확장할 수 있습니다. 지금 당장이라도 가까이 있는 소중한 사람에게 시험해 그 효과를 확인하시기 바랍니다. 진심으로 추천합니다.

그런데 이 말이 그렇게나 효과적인 이유는 무엇일까요? 3대 원칙 중 첫 번째 원칙인 '사람은 누구나 자신을 알아주는 사람을 좋아한다.'에 잘 부합하기 때문입니다. 사람은 특히 즐거울 때나 기쁠 때 자신의 감동과 기쁨을 주변 사람과 공유하고 싶어합니다. 상대방이 자신의 감정을 공유하려 할 때 이렇게 반응해주면 '아, 이 사람은 나와 함께 기뻐해주는구나.'라고 느껴 더 크게 감동합니다.

'사람은 웃게 해주는 사람보다 함께 웃어주는 사람을 좋아한다.'라는 말이 있습니다. 유창하게 말을 많이 하거나 무리하게 듣기 좋은 이야기를 하지 않아도 됩니다. 그저 함께 웃어주기만 해도 자연스럽게 사랑받을 수 있습니다.

이 두 가지 말은 특히 외워두어야 합니다. 사람은 공감받는 것을 기쁘게 느끼기 때문입니다. 소중한 사람에게 이 키워드를 꼭 써보세요. 그와 동시에 앞서 말했던 것처럼 표정과 손짓, 발짓으로 감정을 열 배 더 호들갑스럽게 표현한다면 이 키워드는 믿기지 않을 정도의 위력을 발휘할 것입니다. 꼭 한번 도전해보시길 바랍니다.

운이 트이는 소소한 말버릇 **19**

소중한 사람과 함께 웃으면 심리적 거리가 단숨에 줄어든다.

20

마음을 움직이는
자기소개에 꼭 있는 것

자기소개라는 평생의 고민거리를
단숨에 해결한다

첫 만남이나 회의 때 반드시 필요한 것이 자기소개입니다. 시간은 기껏해야 1~3분 정도지만 그것 때문에 힘들다는 사람이 제법 있습니다. 그들 대부분이 무슨 말을 해야 할지 모르겠다며 고민합니다. 무슨 말을 할지 모른다 하더라도 사회생활을 하려면 많든 적든 어디선가 자기소개를 할 수밖에 없습니다.

그래서 자기소개를 미리 제대로 만들어두는 것이 좋습니다. 처음 만들 때는 약간 번거로울지 몰라도 일단 만들어두면 오랫동안 쭉 쓸 수 있으니 편리할 것입니다. 시간이 흐르고 직업이 바뀌더라도 내용만 조금씩 수정하면서 계속 쓰면 됩니다.

마음에 와닿는 자기소개 작성법 3단계

① 자기 역사 쓰기

태어났을 때부터 현재에 이르기까지의 역사를 순서대로 번호를 매겨 정리합니다.

② 프로필 정리하기

출신지, 출신 학교 등 쓸데없는 정보는 생략하고 자기 역사를 간략한 '문장'으로 정리합니다. (출신지나 출신 학교가 의미가 있다면 생략하지 않습니다.)

③ 키워드 압축하기

'왜 지금의 일을 하고 있는지', '지금 어떤 기쁨과 보람을 느끼고 있는지' 등을 고려해 프로필에서 현재의 자신을 표현하는 키워드를 뽑아냅니다.

자기소개를 할 때 말이 막히거나 횡설수설하게 되는 것은 스스로도 자신을 잘 모르는 데다 '지금의 자신을 명쾌하게 표현할 말'을 찾지 못했기 때문입니다. 일단 자기 역사를 쓰고 나서 그것을 참고해 프로필을 정리하고, 거기에서 다시 키워드를 뽑아냅니다. 그러면 단순한 '약력'이 아닌 자신의 '생각'이 실린 멋진 자기소개서가 완성될 것입니다. 다른 사람의 마음을 가장 사로잡는 것은 당신의 '생각'이라는 사실을 잊지 마시기 바랍니다.

'감사'의 말을 덧붙여야 하는 이유

많은 사람 앞에서 자기소개를 할 때 도움이 되는 요령이 한 가지 더 있습니다. 주최 측에 감사한다는 말과 그 자리에 모인 사람들을 만나서 기쁘다는 말을 덧붙이는 것입니다.

어떤 모임이든 반드시 중심이 되어 움직이는 주최자가 있습니다. 또는 누군가 인연이 있어서 당신을 초대했을 것입니다. 그들이 없었다면 당신도 그 자리에 없었을 것입니다. 인연의 소중함을 생각하면 감사하는 것이 당연합니다. 자기소개에 열중한 나머지 그 점을 놓치는 사람이 많습니다. 그러므로 많은 사람 앞에서 자기소개를 할 때는 반드시 감사의 말을 덧붙입시다. 그러면 한층 더 마음을 사로 잡는 자기소개가 될 것입니다.

"처음 뵙겠습니다. ○○라고 합니다. 우선 오늘 이런 멋진 모임을 주최해주신 S 씨께 감사드립니다.

저는 지금 △△북스라는 서점에서 비즈니스 코너를 담당하고 있습니다. 세상에는 훌륭한 책이 많지만, 정말 자신에게 필요한 책을 만나는 사람은 의외로 적지 않을까요? 저는 그런 생각을 갖고 책을 만드는 출판사를 떠나 책과 사람을 연결하는 서점으로 왔습니다.

매달 수많은 책이 들어오는 가운데, 제가 만든 자리에서 손님들이 자신의 인생을 바꾸어놓을 책을 만날 수 있기를 바랍니다. 이것이 제 사명입니다. 잘 부탁드립니다."

운이 트이는 소소한 말버릇 **20**

자기소개에 '경력'과 함께 '생각'을 담으면 상대의 마음을 울릴 수 있다.

① 자기 역사 쓰기

☑ 태어나서부터 현재까지의
자기 역사를 정리한다.

1974년	A시 C구 출생
1992년	○○고등학교 졸업 △△대학교 입학
1996년	□□ 광고 회사에 입사
1998년	◇◇ 출판사로 이직, 6개월 만에 퇴사, 바텐더 수업 시작
2000년	A시로 돌아와 바텐더로 일하기 시작

② 프로필 정리하기

☑ 출신지, 출신 학교 등
쓸데없는 정보는 생략한다.
☑ 간략하게 '문장'으로
정리한다.

A시 C구 출생
18세에 대학 입학과 동시에 K시에서 생활 시작. 대학 졸업 후 광고 회사, 출판사에서 근무. 얼마 지나지 않아 퇴직
바텐더 수업 시작
2년 후 바텐더 활동 시작

③ 키워드 압축하기

☑ 지금의 자신을 표현하는
키워드를 뽑아낸다.

A시 C구 출생 초등학교 때부터 장래 희망은 '바텐더' 18세 때 대학 진학과 동시에 K시에서 생활 시작. 함께 바텐더를 지향하던 친구를 잃고 꿈을 잠시 단념하지만 결국 포기하지 못해 24세 때 바텐더 수업을 시작 2년 후에 고향으로 돌아와 바텐더가 됨

21

실패담은 왜
최고의 이야깃거리가 될까?

인생에서 성공만 하는 사람은 없다

사람들은 모두 각자 다양한 일로 고민하고 좌절합니다. 그렇게 힘든 시기에 자칫하면 잘나가는 사람을 질투하거나 자신의 실패를 계속 끌어안고 괴로워하기 쉽습니다. 이처럼 좌절한 사람을 만났을 때, 혹은 즐겁게 대화하고 싶은 상대를 만났을 때 이야기하기 좋은 소재가 있습니다.

'실패담'입니다. 인생에서 성공만 하는 사람은 없습니다. 누구나 어떤 형태로든 실패하고 낙담하기 마련입니다. 그러므로 본인의 실패를 모아 이야기의 소재로 삼으면 대화에 도움이 됩니다. 여러분도 '나의 실패 목록'을 작성해봅시다. 과거를 되짚으면서 예전에 실패했던 이야기나 부끄러웠던 일화를 목록으로 만들어보는 것입니다.

실패담은 상대를 안심시키는 가장 좋은 도구

"운동회에서 열심히 달렸는데 꼴찌를 했어요.", "친구에게 '저 아이랑 꼭 사귈 거야! 쟤는 분명히 나를 좋아해.'라고 선언하고 그 애에게 고백했다가 단칼에 거절당했습니다.", "하이힐을 신고 주변의 눈을 의식하며 도도하게 걸었는데 힐이 부러져서 넘어져버렸어요."……

돌이켜보면 실패담은 무궁무진합니다. 옛날이야기가 아니어도 괜찮습니다. 이런저런 일들을 되새기다 보면 최근에 겪은 사건도 기억날 것입니다. 이런 실패담을 기록하는 습관을 들이면 앞으로 실패를 겪을 때마다 '아, 이것도 리스트에 추가해야지.' 하며 긍정적인 의미를 부여할 수 있을 것입니다.

실패담은 사람들의 공감을 자아냅니다. 부끄러운 과거를 드러낸다고 해서 당신의 가치가 결코 낮아지지 않습니다. 사람들은 오히려 결점을 웃음으로 바꿀 줄 아는 당신을 신뢰하게 될 것입니다.

혹시나 해서 한마디 덧붙이자면, 정말 수치스러운 일까

지 다 드러내라는 말은 아닙니다. 어디까지나 당신이 웃을
수 있을 정도의 가벼운 실패담만 목록에 넣으면 됩니다.

운이 트이는 소소한 말버릇 **21**

실패담을 모아놓고 기회가 날 때마다 이야기한다.

실패한 경험은 최고의 이야깃거리다

거짓말을 했다가 실패한 이야기 | 착각해서 실패한 이야기

'왜 그런 짓을 했을까' 싶은 경험담을 목록으로 만든다

사람은 실패담에 공감한다 → 이야깃거리가 무궁무진

3부

적을 만들지 않는
사람의 말버릇

22

유능한데 말 때문에
손해 보는 사람

결국 소통이 인생을 좌우한다

사람이 모인 곳에서는 다양한 이야기가 오갑니다. 당신이 지금 이 책을 읽는 동안에도 세상 구석구석에서 다양한 이야기가 오가고 있습니다. 그러고 보면 우리는 엄청난 시간을 소통에 소비합니다. 소통하는 시간이 인생의 대부분을 차지하므로 소통이 유쾌한지 불쾌한지에 따라 인생이 크게 달라진다고 해도 과언이 아닙니다.

그 점을 생각하며 사람들 간의 소통을 관찰하다 보면 '이 사람은 남에게 사랑받는구나.' 혹은 '이 사람은 소통을 매우 잘하는구나.'라고 생각하게 하는 사람이 있는 반면, '이 사람은 말 때문에 손해를 보겠구나.'라든지 '그런 말은 지금 여기서 하지 않아도 될 텐데.'라는 생각이 들게 하는 사람도 있습니다.

인간관계를 좌우하는 것은 말하는 방식, 즉 대화법입니

다. 그러므로 말로 상대에게 긍정적인 감정을 느끼게 하는 것도 중요하지만, 상대의 감정을 해치지 않는 화법을 구사하는 것이 더 중요하다고 할 수 있습니다.

상대의 감정을 해치지 않는 것이 중요하다

기억해둘 것이 또 하나 있습니다. 소통에서 가장 중요한 점은 '사랑받기 전에 일단은 미움받지 않아야 한다.'라는 것입니다.

사람의 감정은 '유쾌'와 '불쾌'로 나뉩니다. 언제나 긍정적인 감정과 부정적인 감정 사이를 오가고 있는 상태라고 말하면 이해하기 쉬울 것입니다.

특히 첫 만남에서는 '이 사람은 느낌이 좋아. 이 사람과 친해지고 싶어.'라는 쪽, 또는 '이 사람, 왠지 싫어. 더는 대화하기 싫어.'라는 쪽 중 한 가지로 첫인상이 정해집니다.

만약 자신의 첫인상이 이미 부정적인 쪽으로 기울었다

면 그것을 긍정적인 방향으로 돌리는 데에 상당한 노력이 필요할 것입니다. 그래서 대화의 고수들은 남에게 한 번 미움받으면 나중에 아무리 노력해도 사랑받기 어렵다는 것을 알고 처음부터 미움받지 않는 화법을 구사하는 데에 세심한 주의를 기울입니다.

그러므로 다음 장에서는 남에게 미움받지 않고 적을 만들지 않는 화법을 사례를 들어 살펴보겠습니다.

운이 트이는 소소한 말버릇 **22**

말 잘하는 사람은 '미움받지 않는 화법'을 능숙하게 구사한다.

23

입이 험하지만
좋은 사람은 없다

이 사람은 왜 지금 이런 말을 할까?

─────────

가끔 '이 사람은 왜 지금 이런 말을 할까?'라는 생각을 하게 만드는 사람이 있습니다. 그들은 상대방이 "나한테 아주 소중한 강아지가 있어."라고 즐거운 듯이 말하는데도 "나는 개가 정말 싫어."라고 곧바로 말해버립니다. 이처럼 상대의 기분을 생각하지 않고 쓸데없는 말을 하는 사람이 세상에는 의외로 많습니다. 자신이 개를 싫어한다 해도 "그렇게 귀여워? 정말 소중한가 봐."라고만 대꾸하면 될 일입니다. 상대가 개를 좋아하라고 강요한 것도 아니니까요.

무엇이든 솔직하게 말하는 것이 좋다?

─────────

인간관계를 잘 맺는 사람은 상대가 "나는 개를 정말 좋아해."라고 말하면 "그렇구나. 좋아하는구나."라고 대꾸합니다. 그리고 상대가 "당신은 어때?"라고 묻더라도 "난 개를 키우지 않아서 잘 모르지만 네가 그렇게 말하니 귀여울 것 같네."라고 대꾸합니다. 즉 자신의 감정을 말하기보다는 상대의 감정에 공감해주는 것입니다.

그런 사람은 누군가가 "나는 그 사람을 무척 존경해."라고 말한다면 "사람을 존경하는 건 좋은 일이지."라고만 말합니다. 설사 그 사람의 평판이 좋지 않다고 해도 "그 사람은 평판이 나빠."라고 굳이 말하지 않습니다.

쓸데없는 말로 상처 주지 마라

인간은 다양한 관계 안에서 살아갑니다. 그러므로 생각을 직설적으로 표현하는 것이 좋을 때와 절대 그래서는 안 될 때가 있습니다.

이렇게 말하면 입은 험하지만 마음은 착한 사람도 있다고 반박할 사람이 있겠지만, 제 생각에 '입은 험하지만 마음은 착한 사람' 따위는 존재하지 않습니다. 속으로 부정적인 생각을 하기 때문에 입에서도 부정적인 말이 나오는 것입니다. 오렌지를 아무리 쥐어짜도 오렌지밖에 나오지 않듯 마음에 없는 말은 입으로 나오지 않습니다. 사랑이 많은 사람은 사랑스러운 말을 하고 심술이 가득한 사람은 심술궂은 말을 합니다.

그런데 유감스럽게도 우리 주변에는 부정적인 말만 하는 골치 아픈 사람이 반드시 존재합니다. 아무리 옳은 말이어도 쓸데없이 상대를 마구 상처 입히는 말은 하지 맙시다. 상대에게 공감하는 말, 다가서는 말로 소통하다 보면 당신의 매력도 반드시 늘어날 것입니다. 이 점을 꼭 기억하시기 바랍니다.

운이 트이는 소소한 말버릇 **23**

쓸데없는 말을 해서 상대의 기분을 상하게 하지 않는다.

쓸데없는 말을 해서 상대의 기분을 상하게 하지 않는다

너무 솔직하면……

상대의 감정을 생각하면……

상대의 감정을 거스른다

상대의 감정에 다가선다

24

‘직구’가 아니라
‘변화구’가 필요한 순간

상대의 잘못을 지적해야 할 때 기억할 것

다른 사람에게 미움받고 싶은 사람은 없을 것입니다. 누구나 그렇습니다. 그러나 어쩔 수 없이 상대의 잘못을 지적해야 할 때가 있습니다.

그럴 때 가장 신경 써야 할 것이 '정론正論'을 전달하는 방식입니다. 정론일수록 전달하기가 어려워서 자칫 잘못하면 상대를 상처 입힐 우려가 있습니다. 때로는 정론을 지나치게 내세우다가 상대를 구석으로 몰아붙이게 되기도 합니다. 정론을 말할 때에는 직설적으로 말하지 않는 배려가 더욱 필요합니다.

전에 후배 하나가 저에게 고민을 털어놓았습니다. 대학을 나와 대기업에 취직했지만 아무리 열심히 일해도 주위 사람들이 인정해주지 않아 마음이 괴롭다고 했습니다.

이야기를 들어보니 그는 제일 먼저 출근해 다른 사람

들이 오기 전에 커피 준비를 비롯한 다양한 잡무를 도맡아 하고 있었습니다. 그리고 메일을 확인하는 등 자신의 일까지 다 끝내놓고 선배들이 출근하기를 기다렸습니다. 업무 시간에는 맡은 일에 적극적으로 임하고 아이디어도 열심히 냈다고 합니다. 그의 말만 들으면 그야말로 완벽한 사원입니다. 그런데도 주변에서 좀처럼 그를 인정해주지 않는다는 것입니다.

그런데 저는 그의 이야기를 듣는 것만으로도 피곤해졌습니다. 그가 쓸데없는 일로 애쓰는 모습이 뻔히 보였기 때문입니다.

신입사원들은 이런 실수를 종종 합니다. 그 후배도 나름대로 잘해보려고 애쓴 것이지만, 주변에서는 마치 강요당하는 듯한 기분이 들어 오히려 불편했을 것입니다. 그래서 저는 그에게 이렇게 말했습니다.

"나도 똑같은 경험이 있어. 한 선배가 말해줬는데⋯⋯"

사실 그런 선배는 존재하지 않습니다. 하지만 만들어낸 이야기라도 괜찮습니다. 중요한 것은 상대를 상처 입히지 않으면서 정론을 전달하는 것입니다. 정론을 직설적으로 전달하면 그가 열심히 일했던 만큼 큰 상처를 입을 테니까요. 제가 만들어낸 선배의 충고를 들려주었더니 그는 비난당한다는 느낌 없이 제 이야기에 귀를 기울였습니다.

상대와 자신을 같은 입장에 두고 이야기하라

정론을 있는 그대로 말하는 것은 틀렸다고 상대를 비난하는 것과 같습니다. 그러면 상대도 당연히 방어 자세를 갖추고 전투에 임할 것입니다. 그러기보다는 "나도 예전에 같은 잘못을 했는데……"라거나 "나도 옛날에 상사한테 혼이 났는데……"라며 상대와 자신을 같은 입장에 두고 상대에게 다가서는 방식으로 정론을 전달합시다.

이렇게 상대를 섬세하게 배려할 줄 아는 사람은 인간관계가 양호합니다. 저도 잘못에 대한 지적이 직설적이지 않을 때 충고를 더 순순히 받아들였습니다. 그리고 시간이 지난 후 '그때 그 사람이 나를 상처 입히지 않으려고 그런 얘길 했구나.'라고 깨달았습니다.

누구나 자기 나름의 사정이 있고 감정이 있습니다. 그
것을 이해하고 상대의 자존심을 되도록 지켜주면서 상대
가 잘 받아들일 만한 방식으로 의도를 전달해야 합니다.
주변에 소통을 잘하는 사람이 있다면 그 사람을 잘 관찰하
면서 따라 해보세요.

운이 트이는 소소한 말버릇 **24**

'정론'을 말하려면 상대와 자신을 같은 입장에 두어야 한다.

상대에게 정론을 직설적으로 전달해서는 안 된다

정론을 직설적으로 전달하면······

정론으로 공격하면
상처 받는다

상대방의 눈높이에서 말하면······

지어낸 이야기여도
괜찮으니 상대방과 자신을
같은 입장에 둔다

25

고민을 털어놓는 사람에게
긍정적인 조언은 필요없다

더는 말하기 싫게 만드는 한마디

당신은 다른 사람의 고민을 많이 들어주는 편입니까? 아니면 그 반대입니까? 어떤 입장이든 간에 다른 사람의 고민을 효과적으로 들어주기 위해 알아둬야 할 것이 있습니다.

고민을 털어놓는다는 것은 결국 '내 이야기를 들어주고, 내 마음을 알아주고, 공감해줘.'라는 뜻입니다. 해결책을 얻을 목적으로 고민을 털어놓는 사람은 그리 많지 않습니다.

그리고 고민 이야기는 대부분 긍정적이기보다 부정적입니다. 그렇다고 해서 "부정적으로만 생각하지 말고 긍정적으로 생각해."라며 무턱대고 낙관론을 들이밀면 안 됩니다. 그러면 상대방은 당신과 이야기하기가 싫어질 것입니다. 상대는 당신이 자신의 마음을 알아주고 공감해주기를 원하는 것이지 마음이나 상황을 긍정적인 방향으로 바꿔

주기를 원하는 것이 아닙니다.

또 상대의 감정이 부정적인 쪽으로 치우쳐 있는 상태에서 무조건 낙관론을 들이대면 '지금 나한테 설교하는 거야?'라고 생각할 수도 있습니다. 반발심만 자극해 오히려 역효과만 내는 꼴이지요. 좋은 의도로 충고를 할수록 상대의 마음이 당신에게서 멀어지는 것입니다.

조언할 때 주의할 점

때로는 상대가 당신에게 조언을 구할 수도 있습니다. 그럴 때도 어디까지나 객관적이고 겸손하게 말하는 것이 좋습니다. 예를 들어 "꼭 이렇게 해야 해!"가 아니라 "이건 어디까지나 내 의견이지만……" 또는 "이런 사고방식도 있다고 생각하고 들어줘." 같은 식의 말을 먼저 해서 상대가 당신의 조언을 부드럽게 받아들일 수 있도록 하는 것입니다.

어디까지나 결정은 상대의 몫입니다. '이렇게 하면 좋을 텐데.' 하는 생각에 안타까운 마음이 들더라도 꾹 참아

야 합니다. 당신의 의견을 너무 밀어붙이면 상대가 당신
에게 감정적으로 반발해 당신도 결국은 후회할 것입니다.
'이게 옳다.'라는 식의 말은 상대에게 강요로 느껴질 수 있
다는 점을 꼭 기억해두길 바랍니다.

가장 위로가 되고 힘이 되는 말은?

고민하는 사람에게 가장 위로가 되고 힘이 되는 말은 "함
께 생각해보자."입니다. 해결책을 제시하는 것이 아니라
함께 고민하고 함께 생각하자고 말해주는 것입니다. 이것
만으로도 상대에게는 큰 힘이 됩니다.

"힘들었겠구나. 괴로웠겠어. 어떻게 하면 좋을지 함께
생각해보자.", "네 마음 잘 알아. 힘들었겠네. 어떻게 해결
해야 할지 함께 생각하자."……

상대도 이런 말을 듣고 나면 마음이 차분해질 것이고,
그러면 자연스럽게 긍정적인 이야기를 시작할 것입니다.
바로 그때 긍정적인 조언을 해주면 됩니다. 골짜기를 다

내려갔다가 산을 다시 오르기 시작할 시점에 상대의 등을 슬쩍 떠받쳐주는 것처럼 말입니다. 이것이 상대를 지지해주는 가장 이상적인 방식입니다.

운이 트이는 소소한 말버릇 **25**

고민하는 사람이 있다면 일단 함께 생각하자고 말하며 상대의 감정에 다가서자.

누군가 당신에게 고민을 털어놓는다면?

상사에게 안 좋은 소리를
들어서 기분이 우울해……

상사에게 안 좋은 소리를
들어서 기분이 우울해……

쓸데없이 긍정적 사고를
내세우는 사람

상대의 감정에 다가서는 사람

안돼!

나쁜 쪽으로
생각하지 마

대책을 함께
생각해보자

부정적인 고민에 긍정적으로
대꾸하면 안 된다

함께 생각하자고 말해준다

26

당신의 말투와 태도를
지켜보는 사람은
의외로 많다

누구든 감사하는 마음으로 대한다

명함을 내밀기 전까지는 거만했는데 직함을 알자마자 태도가 달라지는 사람이 있고, 손님에게는 정중히 대하지만 부하 직원이나 후배에게는 막말을 하는 사람도 있습니다.

이렇게 상대에 따라서 말이나 태도를 바꾸는 사람은 자신의 화법을 문제 삼을 때가 아닙니다. 더 본질적인 문제를 해결해야 합니다. 당신의 주변에는 택시 운전기사, 식당이나 편의점의 직원을 대할 때 갑자기 거만해지는 사람이 없습니까?

누구든 감사하는 마음으로 대하는 사람은 언제나 자연스럽게 "부탁합니다." 혹은 "고맙습니다."라고 말합니다. 당신은 어떻습니까?

상대에 따라 태도를 바꾸는 것은 얼마나 볼썽사나운가

말과 태도는 내면의 의식이 반영된 결과입니다. 상대의 입장과 지위에 따라 말투나 태도가 바뀌는 사람은 절대 호감을 얻지 못합니다. 상대에 따라 말과 태도를 바꾼다는 것은 결국 '손아랫사람이나 지위가 낮은 사람은 아무렇게나 대해도 된다.'라고 평소에 생각한다는 뜻이기 때문입니다. 그런 생각이 말과 태도에 배어 나오면 주위 사람들이 매우 불쾌해집니다.

누구나 손윗사람이나 중요한 사람에게는 말과 태도를 조심합니다. 그러므로 일상적으로 만나는 주변 사람들을 어떤 말과 태도로 대하느냐에 더 주의해야 합니다. 사람의 진가가 의외로 그런 모습에서 드러납니다. 주변 사람들도 당신의 그런 모습을 지켜보고 있습니다.

전에 지하철역에서 출구를 못 찾아 역무원에게 길을 물어본 적이 있습니다. 그런데 역무원이 저에게는 정중하게 대답하더니 그 다음에 질문한 고령의 여성에게는 "오른쪽으로 가라니까요!"라고 내뱉듯 말하는 것이 아니겠습니까?

저는 그 말을 듣고 기분이 복잡해졌습니다. 그 여성이 말귀를 잘 알아듣지 못해서 역무원이 짜증을 냈을지도 모릅니다. 하지만 금세 화를 버럭 낼 듯한 아저씨가 똑같이 말귀를 못 알아들었다면 그 역무원은 어떻게 대응했을까요? 똑같은 태도를 취했을까요? 아마 그렇지 않았을 것입니다. 그런 사람은 걸핏하면 상대에 따라 태도를 바꾸기 때문입니다.

상대에 따라 태도를 바꾸는 것이 얼마나 볼썽사나운지 절감한 적이 또 한 번 있었습니다. 어떤 파티에서 있었던 일입니다. 제 옆에서 다른 사람과 약간 거만한 말투로 이야기하던 남성이 상대와 명함 교환을 하자마자 태도를 싹 바꾼 것입니다.

"죄송합니다. 이런 대단한 분이신 줄 모르고……."

그는 상대에게 갑자기 굽실거리기 시작했습니다. 보아하니 처음에는 반말로 이야기하다가 명함을 보고 상대가 자신보다 훨씬 큰 회사의 높은 사람인 것을 알고 곧바로 고개를 숙인 듯했습니다.

말과 태도에 일관성이 있어야 신뢰를 얻는다

거만하게 말하는 사람이든 배려하며 말하는 사람이든 사람의 말투에는 일관성이 있어야 한다고 생각합니다. 거만한 사람이라면 누구에게나 거만한 말투를 써야 하고, 남을 배려하는 사람이라면 누구에게나 친절한 말투를 써야 합니다. 사람에 따라 태도나 말을 바꾸지 않는 것이 화법의 기본입니다.

'우리 사회는 위계질서가 중요해서 자신보다 나이가 많은 사람에게 머리를 숙일 수밖에 없다.'라고 반론하고 싶은 분도 계시겠지요. 저도 손윗사람을 정중하게 대하는 것은 당연하다고 생각합니다. 하지만 그렇다면 손윗사람뿐만 아니라 손아랫사람도 친절하게 대하세요. 언제나 친절하고 멋지고 매력적인 사람이 되려면 상대의 지위나 입장과 관계없이 누구에게든 정중하게 대해야 합니다. 그것이 품위 있는 언어생활이자 인간관계입니다.

손윗사람이든 손아랫사람이든 정중하게 대하고 남성이든 여성이든 상대의 기분을 존중하면서 말합시다. 무서운 사람도 친절하게 대하고 소극적이거나 내성적인 사람도 친절하게 대해야 합니다.

상대가 누구든 감정을 존중해주어야 합니다. 이러한 태도가 확실하게 몸에 밴 사람은 언제나 매력적일 것입니다. 아니, 매력이 점점 더 늘어날 것입니다. 늘 흔들림 없이 모든 사람을 똑같이 대하는 사람만큼 멋진 사람은 없으니까요.

운이 트이는 소소한 말버릇 **26**

상대의 지위나 입장에 따라 말투와 태도를 바꾸지 않는다.

27

나도 모르게 쓰고 있는
미움받는 사람의 말버릇

미움받는 사람의 말버릇에는 공통점이 있다

말버릇 때문에 사랑받는 사람이 있는가 하면 말버릇 때문에 미움을 사는 사람도 있습니다. 여기서는 말 때문에 미움받는 사람의 공통점을 소개하겠습니다.

① '부정적인 어휘'를 연발하는 사람

'하지만', '그래도', '어차피', '안 돼'.

이런 단어를 자주 쓰는 사람은 미움을 받습니다. 특히 주의할 것이 '하지만'입니다. 상대가 "○○가 좋아."라고 말하자마자 "하지만 그건 이런 부분이 별로야."라는 식으로 말하는 사람이 있는데, 그런 대꾸를 듣고 기분이 좋을 사람은 없습니다. 물론 대화의 흐름에 따라 그렇게 말해야 할 때가 있을 수도 있지만 모든 말을 '하지만'으로 되받아치다 보면 대화 전체가 부정적으로 흐르게 됩니다. 그럴 때는 "그렇구나. 그런데 이런 건 어때?"라는 식으로 상대의 의견을 일단 긍정한 다음 자신의 의견을 말해야 분위기가 나빠지지 않습니다.

'그래도'나 '어차피'도 마찬가지입니다. 두 단어는 "그래도 ○○잖아." 또는 "어차피 ○○라서 안 돼."라는 식으로 체념이나 변명하는 말과 함께 쓰이기 쉬워서 많이 쓸수록 '부정적인 사람'이라는 인상을 줍니다.

말버릇은 '인격에서 비롯되는 습관'입니다. 모르는 사이에 부정적인 사람이라는 인상을 주지 않도록 평소의 언어 사용에 주의하세요.

② 진한 연애 이야기나 음담패설을 자주 하는 사람

'진한 연애 이야기'란 "내가 얼마나 놀았느냐 하면……" 같은 유의 이야기를 가리킵니다. 주변 사람들은 겉으로 웃으며 "그랬구나!"라고 호응할지 몰라도 속으로는 '뭐야, 이 사람? 너무 친해지지 말아야겠다.'라고 생각할 것이 뻔합니다. 실제 사생활이 어떻든지 이성 관계가 복잡하다고 일부러 공공연히 말하고 다닐 필요는 없습니다.

특히 음담패설은 사람들이 눈살을 찌푸릴 위험이 가장 큰 이야깃거리입니다. 스스럼없이 친한 친구들끼리 재미로 이야기하는 것은 괜찮을지 몰라도 잘 모르는 사람과 대화할 때는 하지 않는 것이 좋습니다. 인기를 얻으려고 그런 이야기를 하는 것이겠지만, 사람마다 재미있게 생각하는 것이 다르니 주의해야 합니다. 음담패설은 특히 위험한 소재이니 다른 이야깃거리를 찾는 것이 좋습니다.

③ 코미디언 흉내를 내는 사람

주변에 유행어를 따라 하며 남을 질책하고 놀리거나 혼자 바보 흉내를 내면서 리액션을 요구하는 사람이 있지 않습니까? 미디어의 영향으로 이처럼 코미디 방송 흉내를 내는 사람이 종종 있습니다.

그러나 우리는 알아야 합니다. 코미디언은 어디까지나 '전문적으로 웃기는 사람'입니다. 그중에서도 '놀리기'는 전문가들만 구사하는 기술적인 대화입니다. 코미디언들은 '놀리는 역할', '놀림당하는 역할'을 미리 정합니다. 프로레슬링 선수들이 악역과 선역을 미리 정해두는 것과 같습니다. 일반인이 이것을 생각 없이 흉내 내다가는 상대에게 상처를 줄 위험성이 높습니다.

아무리 다른 사람들이 즐거워해도 말로 상대에게 상처를 입혔다면 전적으로 말한 사람의 잘못입니다. 재미로 그랬을 뿐 악의는 없었다는 식의 변명은 통하지 않습니다. 일반인이 전문가 흉내를 내고 다니다가는 '말을 함부로 하는 사람'이라는 인상만 주기 쉬우므로 조심합시다.

④ 대화를 자꾸만 정리하려는 사람

소통에도 'TPO(의복을 시간Time, 장소Place, 상황Occasion에 알맞게 착용하는 것-역자 주)'가 필요합니다. 회의실에서 토론을 한다면 누군가가 마지막에 의견을 정리해서 이야기를 마무리해야겠지요. 그러나 파티나 회식처럼 많은 사람이 정신없이 자유롭게 이야기하는 자리에서는 그럴 필요가 없습니다. '무슨 말을 했는지 정확히 떠오르지는 않아도 그 사람과의 대화는 재미있었다.' 정도로만 기억되면 충분합니다. 회의를 할 때처럼 이야기를 무리하게 정리하거나 마무리하려는 것은 분위기를 깨는 행동입니다.

화법의 기본은 상대의 이야기를 이끌어내고 확장함으로써 상대가 기분 좋게 말하도록 만들고, 자신은 그 말을 귀 기울여 듣는 것입니다. 그와 반대로 자신이 나서서 대화를 정리하거나 마무리하려 들면 안 됩니다.

⑤ 상대의 이야기를 빼앗는 사람

128쪽에서는 상대와의 공통점을 찾아 대화를 확장하라는 이야기를 했습니다. 이때 주의할 점은 공통점을 찾더라도 상대에게서 이야기를 빼앗으면 안 된다는 것입니다.

예를 들어 둘 다 커피를 무척 좋아한다는 공통점이 있다고 합시다. 당신도 잘 아는 화제이다 보니 이야기를 많이 하고 싶어지는 것도 당연합니다. 그러나 그럴 때일수록 '상대의 이야기를 더 많이 듣고 싶어서 공통점을 찾은 것'이라는 사실을 잊지 말아야 합니다. 모처럼 공통점을 찾았는데 당신이 이야기를 빼앗아버리면 상대는 커피를 좋아한다고 이야기한 후로 당신의 말만 계속 들어야 합니다.

자신도 잘 아는 화제가 등장했을 때는 '확장 화법'으로 이야기를 확장해 상대가 마음껏 말할 수 있도록 한 다음에 자신의 이야기를 천천히 꺼내는 것이 좋습니다.

⑥ 금세 친근한 말투를 쓰는 사람

만난 지 얼마 되지도 않았는데 경칭을 생략하고 상대의 이름을 부르거나 반말을 쓰는 사람이 있습니다. 사람은 자신보다 나이가 많든 적든, 지위가 높든 낮든 관계없이 만나자마자 친근한 말투를 쓰는 사람에게 불쾌감을 느낍니다. 그러므로 처음에는 이름에 '씨'라는 경칭을 붙여서 부르며 경어로 이야기하는 것이 무난합니다. '씨'를 붙이고 경어를 쓰더라도 적절한 화법을 잘 구사하기만 하면 자연스럽게 친해질 수 있습니다.

관계가 더 친밀해지면 호칭이나 말투는 자연스럽게 변할 것입니다. 무리하게 일방적으로 친근한 말투를 쓰려 하면 상대에게 거부감을 줄 뿐입니다.

⑦ 패배를 인정하지 않는 사람

사람은 자신과 타인을 비교하려는 성향이 있습니다. 동료나 경쟁자, 자신의 자녀의 또래 아이가 무언가 큰 성과를 냈을 때 당신은 어떤 기분이 듭니까? 대단하다고 생각하는 동시에 약간의 질투심을 느끼지 않습니까?

약간의 질투심은 자연스러운 감정이므로 부정할 필요는 없습니다. 그러나 그 감정을 겉으로 드러내느냐 마느냐는 다른 문제입니다. 질투 때문에 패배를 인정하지 않으면 주위에서는 당신을 좋지 않게 생각할 것입니다.

남을 칭찬하면 자신의 가치가 내려간다고 오해하는 사람이 있는데, 전혀 그렇지 않습니다. 오히려 솔직하게 남을 칭찬할 줄 아는 사람이라며 함께 칭찬받을 것입니다. 나아가 '그릇이 큰 사람'이라고 평가받을 것입니다.

운이 트이는 소소한 말버릇 **27**

나도 모르게 쓰고 있는 미움받는 사람의 말버릇을 알아차리고 최대한 멀리하자.

말버릇을 바꾸니 운이 트이기 시작했다

말 때문에 미움받는 사람들의 공통점

① '부정적인 어휘'를 연발한다

② 음담패설을 한다

③ 유행어를 따라 하며 다른 사람을 놀린다

④ 이야기를 정리하려 한다

⑤ 상대의 이야기를 뺏는다

⑥ 금세 친근한 말투를 쓴다

⑦ 패배를 인정하지 않는다

4부

미묘한 말의 차이가
행운을 만든다

28

힘내라는 말은
역효과를 내기 쉽다

격려할 때는 표현과 타이밍에 주의하라

다른 사람을 격려할 때 가장 많이 하는 말이 "힘내."입니다. 하지만 그 말은 자칫 잘못 사용하면 역효과를 내기 쉽습니다. 사람은 누구나 속으로 자신은 열심히 하고 있다고 생각하기 때문입니다.

그런 상황에서 다른 사람이 힘내라고 말하면 '내 노력이 아직 부족한가?'라거나 '지금보다 더 힘을 내라고?' 같은 식으로 생각하게 됩니다. 즉 가치관을 강요당한 느낌을 받습니다.

활력이 넘쳐서 열심히 일하고 있을 때는 힘내라는 말이 힘이 되고 자극을 줍니다. 그러나 그렇지 않을 때는 힘내라는 말이 부담으로 느껴져서 한층 더 우울해집니다. 우울해져 있는 사람에게 힘내라고 말하면 추궁하는 듯한 느낌을 줄 수 있으니 주의가 필요합니다.

그렇다면 힘내라는 말은 어떤 타이밍에 어떤 식으로 쓰면 좋을까요?

사람을 격려할 때 가장 중요한 것은 공감과 친밀감입니다. 그래서 특히 효과적인 말이 "열심히 하고 있구나. 너무 무리하지 마."입니다. 이 말을 들은 상대는 '열심히 하는 자신'을 인정받은 듯해 좀 더 힘을 내보자고 생각할 것입니다.

이처럼 일단 상대의 노력을 전적으로 인정하는 것이 중요합니다. 그래서 상대가 스스로 전진하려는 마음을 먹도록 하는 것이 진정한 격려입니다.

"열심히 하지 않았는데 비꼬는 건가?"

그러면 열심히 하지 않는 사람에게는 어떻게 말하면 좋을까요? 열심히 하지 않는 사람은 "열심히 하고 있구나."라는 말을 들으면 '별로 열심히 하지 않았는데…… 비꼬는 건가?'라고 생각하기 쉽습니다. 그러므로 그런 사람에게는 비유를 들어 이야기하거나 열심히 하는 주변 사람의 이야기를 자연스럽게 전하는 것이 좋습니다.

"동기 D 씨는 맡은 프로젝트를 아주 열심히 추진하고 있던데?", "동업자 W 씨는 최근에 새로운 사업을 개발하느라 의욕이 넘치더라."……

이런 식으로 말하면 상대도 스스로 열심히 해야겠다는 생각이 들어 분발할 것입니다.

벽에 가로막혀 힘들어하는 사람에게 해야 할 말

일정한 목표를 갖고 자발적으로 열심히 일하는 사람에게는 다음과 같은 말이 효과적입니다.

"재미있어 보이네. 너를 기다리는 사람이 많아. 네가 열심히 하는 덕분에 또 행복한 사람이 늘어나겠어."

상대가 하는 일에 공감하고, 긍정적인 전망을 이야기함으로써 상대의 의욕을 더욱 북돋우는 것입니다.

이와 같이 너무 열심히 해서 지친 사람에게는 "힘을 조금 빼봐."라고 말합니다. 열심히 하지 않는 사람에게는 열심히 하고 싶어지게 만드는 이야기를 들려줍니다. 열심히 하고 싶은데 벽에 가로막힌 사람에게는 벽 너머에 있는 미래에 대해 이야기합니다.

상대의 감정에 초점을 맞출 줄 아는 소통의 고수는 이처럼 상대의 상황에 따라 격려의 메시지를 다르게 전달합니다. 그러려면 평소에 관찰력을 기르는 것이 중요하겠지요.

운이 트이는 소소한 말버릇 **28**

다른 사람을 격려하고 싶다면 그 사람의 상황을 잘 파악한 다음 적절한 시점에 적절한 표현을 사용한다.

상대의 상황에 따라 격려의 말을 다르게 하라

① 너무 열심히 하는 사람에게는 "힘을 조금 빼봐."

② 열심히 하지 않는 사람에게는 열심히 하고 싶어질 만한 이야기를 한다

③ 열심히 하고 싶지만 벽에 부딪힌 사람에게는 미래를 이야기한다

29

질책할 때
절대 쓰면 안 되는 말

질책받는 상대를 존중해야 한다

누군가를 질책하거나 단점을 지적할 때는 어떻게 해야 좋을까요? 상대의 존재를 존중해야 합니다. 껄끄러운 말을 해야 할 때도 이 원칙이 적용됩니다. 오히려 일부러라도 경의를 표현해야 합니다. 질책이나 지적은 아무래도 손윗사람이 손아랫사람에게 하기 쉬우므로 의식적으로 노력하지 않으면 존중하는 마음을 잃기 쉽기 때문입니다.

고압적인 말을 써서 우격다짐으로 상대를 움직이게 만들 수는 있습니다. 그러나 그렇게 행동을 '강제'하면 상대는 스스로 무엇이 좋은지 판단하지도 않고, 적극적으로 행동하지도 않습니다. 부하 직원이든 후배든 자녀든 상관없이 먼저 경의를 갖고 대해야 상대가 진정한 의미의 독립된 성인이자 사회인으로 자유롭게 능력을 발휘할 수 있습니다.

질책이란 상대의 잘못을 지적하는 행위이므로 아무래도 감정에 치우치기 쉽습니다. 그래서 질책에 경의를 담기는 어렵다고 생각할지도 모르겠습니다. 그러나 요령만 알면 그리 어렵지 않습니다.

상대에게 행동의 의미를 빼앗는 말

우선, 절대 하면 안 되는 말은 다음 두 가지입니다.

"넌 안 돼."

"네가 하는 일은 의미가 없어."

"넌 안 돼."는 상대의 인격을 부정하는 말이고, "네가 하는 일은 의미가 없어."는 상대에게서 행동의 의미를 빼앗는 말입니다.

사람은 언제나 자신이 찾은 '의미'에 따라 행동하는 존재입니다. 행동의 의미를 빼앗는 것은 상대의 존재를 부정하는 것과 같습니다. 존재를 부정당한 상대는 자기 긍정감이 산산이 조각나서 아무 일도 못 하게 됩니다.

당신의 노력과 의도를 알고 있다

존중을 담아 질책하는 구체적인 방법에는 무엇이 있을까요? 일단은 일에 최선을 다한 상대를 격려하고 상대의 의도를 이해했음을 표현해야 합니다. '바람직하지 않은 결과가 나왔지만 나는 당신의 노력과 의도를 알고 있다.'라는 메시지를 전달하는 것입니다. 그런 다음 자신이 상대에게 얼마나 큰 경의와 기대를 품고 있는지 표현해주면 됩니다.

"자네 같은 사람이 이런 실수를 하다니.", "어떻게 된 거야? 자네답지 않은 실수를 했군."

이런 식으로 말하면 의도가 뚜렷이 전해질 것입니다. 이는 질책인 동시에 존중의 표현이기도 합니다.

마지막에는 "괜찮아. 자네라면 할 수 있다는 걸 알아." 라고 기대를 한 번 더 전달합시다. 그러면 상대는 질책을 받았지만 자신감을 잃거나 위축되지 않고 '좋아, 다음에는 기대에 부응하겠어.' 하고 분발할 것입니다.

요즘 '직장 내 괴롭힘'을 판단하는 법적 기준이 높아져서 부하 직원을 어떻게 질책해야 좋을지 몰라 고민하는 상사가 많습니다. 그러나 시대를 불문하고 상대의 장래를 고려하고 경의를 표하면서 질책하는 사람은 반드시 존경받습니다.

"부장님, 죄송합니다. ○○사 수주 건 말인데요, 저쪽 담당자와 견해 차이가 생겨서 예정대로 진행할 수 없게 됐습니다. 이번 회기 매출에 포함하지 못할 것 같아요."

"그래? 열심히 추진하는 것 같더니 어떻게 된 건가? 자네 같은 사람이 마무리를 그렇게 할 리가 없는데 말이야. 그래도 괜찮아. 자네라면 더 큰 거래로 만회할 수 있겠지? 협상을 계속해봐."

운이 트이는 소소한 말버릇 **29**
질책할 때일수록 상대에게 존중을 표하고 그간의 노력에 대해 격려한다.

껄끄러운 말을 해야 할 때는?

Y 씨가 맡은
A사 교섭 건이
실패로 끝났군

한번
얘기해봐야겠어

자네는 이래서 안 돼!
교섭을 이렇게 망치면
어쩌자는 건가!

이번 교섭은
마무리가 약했네.
하지만 괜찮아

자네라면 더 큰
건으로 만회할 거야.
열심히 해봐

인격과 존재를 부정한다

상대를 격려한다

자기 긍정감이 바닥나고
의욕을 완전히
잃어버린다

마지막에 기대를
내비치면 상대도
분발한다

30

핑계를 대면
더 불리해지는 이유

핑계를 대면 인상이 반드시 나빠진다

성인이 된 후에도 주변 사람에게 부족한 점을 지적받을 때가 있습니다. 상사에게 질책받는 일이 가장 흔하겠지만, 사적으로 주변 사람에게서 충고를 들을 때도 있습니다.

당연히 질책받는 것을 좋아할 사람은 없습니다. 누구나 크든 작든 상처를 받고 속이 상하기 마련입니다. 그렇기 때문에 질책을 받을 때 어떤 태도를 취하고 어떤 말을 하느냐에 따라 당신에 대한 주변의 인상과 평가가 크게 달라집니다.

우선 '토라지거나', '위축되거나', '불만을 품는' 태도는 절대 보이면 안 됩니다. 핑계를 늘어놓는 것도 좋지 않습니다. 자신에게 잘못이 있을 때는 이해를 바라는 마음을 담아 오로지 진심으로 사과하는 것이 상책입니다.

질책한 사람을 후원자로 바꾸는 한마디

더 중요한 것은 질책받은 후의 태도입니다. 누군가의 잘못을 지적하는 데에도 상대를 위하는 마음과 노력이 필요합니다. 그러므로 '그냥 지나치는 게 편했을 텐데 일부러 애써서 지적해주었구나.'라고 생각하고 질책해준 것을 오히려 고맙게 여기길 바랍니다. 감사하지는 못하더라도 토라지거나 위축되거나 불만을 품어서는 안 됩니다.

성장하는 사람은 질책해준 사람에게 이렇게 말합니다.

"저 때문에 과장님이 어려운 말씀을 하셨네요. 죄송합니다. 많이 배웠습니다. 감사합니다."

'사과'와 '감사'를 동시에 전하는 것이 중요합니다. 마지막에 다음과 같은 다짐까지 덧붙이면 질책해준 사람은 즉시 당신의 후원자로 변할 것입니다.

"다음부터는 실수가 없도록 더 신경 쓰겠습니다. 다만 제가 잊을지도 모르니 만약 똑같은 실수를 한다면 그때도 거리낌 없이 지적해주세요."

생각은 말을 바꾸고 말은 행동을 바꿉니다. 따라서 질

책을 받은 후에 위와 같이 말하면 상대가 당신의 편이 될 뿐만 아니라 당신도 스스로 이 말에 영향을 받아 행동하고 성장하게 될 것입니다. 그래서 결국은 당신의 인상이 완전히 달라지고 운이 트이기 시작할 것입니다.

운이 트이는 소소한 말버릇 **30**

유능한 사람은 질책받은 후에 '사과'와 '감사'를 표시한다.

성장하는 사람은 변명하지 않는다

자네의 의욕 없는 발언 때문에 팀의 사기가 떨어졌잖아!

다른 사람도 똑같은 말을 했는데

왜 저만 이런 말을 들어야 합니까?

죄송합니다. 아까의 말은 부적절했습니다. 지적해주셔서 감사합니다

'토라짐'
'위축됨'
'불만'

'사죄'와 '감사'를 표현한다

31

부정적인 이야기만 하는
사람과 대화하는 법

끊임없이 험담하는 사람에게는
다른 이야기를 꺼낸다

———————

살다 보면 다양한 사람을 만나게 됩니다. 그중에서도 가장 곤란한 사람이 험담을 좋아하거나 비판을 즐기는 사람입니다. 아마 당신도 이런 사람 때문에 골치 아팠던 적이 있을 것입니다. 잠깐 상대할 수는 있지만 장시간 함께 있다 보면 그야말로 머리가 아파집니다.

그럴 때는 자연스럽게 자리를 바꾸는 것이 좋습니다. 화장실에 간다고 하고 자리를 잠시 떴다가 다른 사람 옆에 앉는 것도 방법입니다. 도저히 자리를 바꾸기 어려울 때는 불평과 험담을 포기시키는 것도 괜찮은 방법입니다.

불평과 험담을 하는 사람은 그 화제가 대화의 분위기를 주도하는 것에 쾌감을 느낍니다. 자신이 꺼낸 부정적인 이야기에 주변이 호응할수록 기분이 좋아지는 것입니다.

그 기세를 꺾어야 그런 이야기를 꺼내지 않게 됩니다. 그러려면 일부러 다른 이야기를 꺼내는 것이 가장 효과적인 방법입니다. '이야기가 헛도는 느낌'을 주는 것이지요.

대화를 불평과 험담이 아닌 쪽으로 돌리는 것이 목적이므로 날씨나 음식처럼 사소한 이야기를 꺼내도 상관없습니다. 이런 시도를 반복하다 보면 상대는 당신을 '불평과 험담에 동참하지 않는 시시한 사람'으로 인식할 것입니다. 그러면 불평과 험담이 일찍 끝날 뿐만 아니라, 그 사람은 당신에게 다시는 비슷한 이야기를 꺼내지 않을 것입니다.

이야기를 다른 곳으로 돌리는 것 자체는 소소한 요령이지만, 이 요령을 잘 활용하면 부정적인 이야기만 하는 사람을 멀리할 수 있으므로 일상이 훨씬 쾌적해질 것입니다.

결이 맞지 않는 사람과 친해져야 할까?

당신이 싫어하는 사람에게도 당연히 인격과 사상이 있습니다. 다만 그것이 당신의 인격이나 사상과 맞지 않으므로

'싫게' 느껴지는 것입니다. 이른바 '결이 안 맞는 사람'이라고 표현되는 사람이 이런 사람입니다. 그런데도 억지로 친해지려 하다 보면 당신은 어떻게 될까요? 자신을 짓눌러 상대에게 맞추려 한 나머지 자신을 부정하게 됩니다.

정말입니다. 결이 안 맞는 사람과의 관계는 자신에 대한 부정만 불러일으킵니다. 자신을 짓누르면서까지 싫어하는 사람과 어울리기보다는 일부러 거리를 둠으로써 서로를 존중하는 편이 낫습니다.

운이 트이는 소소한 말버릇 **31**

불평과 험담을 일삼는 사람과는 어울리지도 대화하지도 않는다.

32

싫은 사람에게 싫은 티를
내지 않는 방법

싫지만 관계를 끊을 수 없는 상대가 반드시 있다

'험담은 하지도 말고 듣지도 말고 관여하지도 않는다.'

이것이 이상적이지만 언제나 훌륭한 동료만 만날 수는 없습니다. 고압적으로 부하 직원을 지배하려는 상사, 적개심을 표출하는 경쟁자, 건방진 부하 직원, 동네 주민이나 학부모회, 동호회 회원들 등등 얼굴을 맞대기도 싫은 사람이 한둘이 아닙니다.

하지만 아무리 싫어도 관계를 유지해야 하는 경우가 있습니다. 그럴 때는 '도망치는 것'도 하나의 방법입니다. 인사이동을 신청하거나 이직을 하거나 동네 사람들, 학부모회와 거리를 두는 것입니다.

싫은 상사에게 별명을 붙여 웃음거리로 만든다

그러나 도망치기 전에 할 수 있는 일이 있습니다.

첫 번째는 '그 상황을 웃음거리로 만드는 것'입니다. 싫은 사람에게 '별명'을 붙여 친한 친구와 대화할 때 불러볼 수 있습니다.

예를 들어 언제나 막말을 일삼는 상사를 '폭포'라고 부르는 식입니다. 점심시간에 동료와 밥을 먹으면서 "세상에. 폭포는 오늘 오전에도 대단했어. 덕분에 폭포 수행을 실컷 했네(웃음)."라고 웃어넘기면 마음이 조금은 가벼워지지 않을까요? 싫은 사람을 '도라에몽'의 퉁퉁이, '슈퍼마리오'의 쿠파 등 게임이나 만화에 나오는 악역 캐릭터 이름으로 부를 수도 있습니다.

"오늘도 퉁퉁이는 변함없이 제멋대로더라(웃음).", "쿠파는 어제 전투력이 떨어져서 일찍 퇴근했어(웃음)."……

물론 그런다고 상황이 달라지는 것은 아닙니다. 하지만 기분이 우울한 채로 친구를 만나면 불평만 늘어놓는 사람이 되기 쉽습니다. 불평만 하는 사람을 좋아할 사람은 없습니다. 싫어하는 사람 때문에 당신이 불만투성이가 되어 주변 사람을 잃게 된다면 일이 잘못 돌아가는 것이 아닐까요?

싫어하는 사람을 웃음거리로 삼아서 그에게 받는 피해를 최소한으로 줄여보는 건 단순한 잔꾀 같지만 꽤 유용할 것입니다. 다만 어디까지나 마음을 가볍게 만드는 것이 목적이므로 너무 심한 말이 오가거나 험담이 끝없이 이어지지 않도록 주의할 필요가 있습니다.

고압적으로 말하는 사람에게는 '반응하지 않는 훈련'

세상에는 지나치게 고압적으로 말하며 주변 사람을 지배하려 드는 사람이 꽤 많습니다. 그런 사람에게서 자신을 지키려면 그의 말을 그대로 받아들이지 않는 것이 중요합니다. 그러기 위해서는 '어떻게 말하느냐'보다 '말하지 않으려면 어떻게 하느냐'가 중요합니다. 즉 '반응하지 않는 것'이 최고의 방어법입니다.

특히 과도하게 고압적인 태도를 보이는 사람은 상대방의 반응을 즐기는 경향이 있습니다. 그런 사람에게 반격하는 것은 그야말로 상대가 바라는 대로 해주는 것입니다. 그러면 그는 그럴 줄 알았다는 듯이 더 위압적으로 공격할 것입니다. 그래서 그런 사람에게 심한 말을 들었을 때 일부러 반응하지 말라고 하는 것인데, 사실은 그러기가 쉽지 않습니다.

하지만 여기에도 요령이 있습니다. 마음속으로 '네, 당신은 그렇게 생각하는군요.'라거나 '이런, 그런 생각도 있군요.'라는 식으로 혼잣말을 하는 것입니다. 즉 '나는 그렇게 생각하지 않는다.'라는 심리적 경계선을 상대와 자신 사이에 분명하게 긋는 것입니다. 이렇게 '반응하지 않는 훈련'을 거듭하다 보면 상대도 결국 당신이 반응하지 않는다는 것을 알고 고압적인 태도를 포기할 것입니다.

험담을 좋아하는 사람을
변화시키려 하지 말 것

아무리 긍정적인 대화만 나누려고 노력해도 어쩔 수 없이 불평과 험담을 늘어놓는 사람을 만나야 할 때도 있습니다. 그럴 때는 어떻게 위기를 모면하는 것이 좋을까요?

몸 상태가 안 좋다고 말하고 도중에 자리를 뜨면 됩니다. 다만 자리에 조금이라도 머물러야 할 경우 주의할 점이 있습니다. 부정적인 사람을 그 자리에서 변화시키려 하지 말아야 한다는 점입니다.

"모처럼 한자리에 모였으니 좋은 이야기를 합시다.", "긍정적인 말이 긍정적인 인생을 만든다잖아요."……

절대 이런 식으로 말하면 안 됩니다. 천 개의 화살이 당신을 향해 쏟아질 테니까요. 그렇다고 해서 불평과 험담에 동조해주지도 맙시다. 불평하는 분위기에 말려들지 말아야 합니다.

험담하는 사람, 특히 자주 험담을 하는 사람은 마음속 어딘가가 비어 있기 마련입니다. 마음의 구멍을 메우기 위해 누군가를 험담하며 만족을 찾는 것입니다. 유감스럽게도 세상에는 아직도 그런 사람이 많습니다. 몸을 상하게 하는 폭력은 죄가 되지만 마음을 상하게 하는 언어폭력은 심각한 경우가 아닌 이상 죄가 되지 않기 때문입니다.

그러므로 주변 사람이 다 불평해도 당신은 불평하지 않는 것이 중요합니다. 모처럼 소중한 시간을 내서 모인 자리인 만큼 정신을 차리고 자신의 긍정적인 생각과 말을 꼭 붙드시길 바랍니다.

운이 트이는 소소한 말버릇 **32**

싫어하는 사람에게 별명을 붙이고, 반응하지 않는 훈련을 한다.

싫어하는 사람을 대하는 방법

① 싫어하는 사람에게 별명을 붙인다

오늘은 통통이가 의외로 친절하더라

어떻게?

얘기해줘

② 반응하지 않는다

자네는 언제나 멍하게 앉아 있군

당신은 그렇게 생각하나 봐

난 그렇게 생각하지 않는데

③ 험담하는 상대를 변화시키려 하지 않는다

저 사람 뻔뻔하지 않아?

정말이야

……

혼자서만 편하려 한다니까

"모처럼 모였으니 즐거운 이야기를 하자" 같은 식의 말을 절대 하지 않는다

33

좋은 대화는
편안함에서 나온다

사람은 편안한 상태에서
최대의 능력을 발휘한다

사람은 긴장이 풀려야 최대의 능력을 발휘할 수 있습니다. 그러므로 좋은 대화도 '편안함'에서 시작됩니다. 함께 있으면 긴장이 되어 능력을 제대로 발휘하지 못하는 상대와는 되도록 대화를 피하는 것이 좋습니다. 나와 결이 맞지 않는 사람과 억지로 어울리려다 자신을 스스로 상처 입히고 자신감을 잃는 악순환에서 벗어나야 합니다.

'좋아하는 사람과 대화하는 시간을 늘려 대화 능력을 키운 뒤에 껄끄러운 사람과 대화를 시도하겠다.'

이 정도의 마음가짐이 딱 좋습니다.

아무리 말을 잘하지 못하는 사람이라도 친구나 가족 앞에서는 말을 잘합니다. 잘 맞지 않는 사람과 소통하려고 애쓰지 말고 함께 있으면 편안해지는 사람, 당신을 부정하지 않는 사람들을 만나는 게 좋습니다.

편안한 사람과 대화하는 시간을 의식적으로 늘려 상대와 자신 모두 '대화하기 편한 공간'을 만들면 대화를 불편하게 느끼는 내면의 장벽을 넘어설 수 있습니다. 좋아하는 사람과의 대화가 늘어나면 껄끄러운 사람과의 대화는 자연스럽게 줄어들 것입니다.

'어려운 사람과 대화하기 위해서 대화 기술을 배우고, 모든 사람과 대등하고 원만하게 소통해야 한다.'

일단 이런 생각부터 버립시다. 그래도 꼭 대화해야 할 어려운 사람이 있다면 상대의 이야기를 확장해나가는 '확장 화법'을 사용하면 됩니다. 그러다 대화 중에 침묵이 찾아와도 당신 혼자 그것을 책임질 필요는 없습니다.

운이 트이는 소소한 말버릇 33

불편한 사람과 억지로 대화하려 하지 않는다.

모든 사람과 원만하게 소통할 필요는 없다

껄끄러운 사람과 억지로
대화할 때

자신감이 사라지고
대화가 싫어진다

좋아하는 사람과 대화할 때

사람과의 대화가
즐거워진다

34

운 좋은 사람들의
착한 말버릇

자신의 말을 가장 많이 듣는 사람은
자기 자신이다

───────

같은 업계의 친구에게 들은 이야기인데, 사람들이 가장 듣기 좋아하는 말이 있다고 합니다. 그게 뭘까요? 바로 감사하는 말입니다.

"고마워.", "덕분이에요.", "감사합니다."……

설사 마음이 담기지 않은 겉치레 인사라 해도 이런 말을 입에 달고 다녀서 나쁠 까닭이 없습니다. 소통에 뛰어난 사람은 언제나 고맙다고 말합니다. 맥주를 가져다준 점원에게도 "고맙습니다.", 택시 기사에게도 "감사합니다.", 편의점 아르바이트 학생에게도 "고마워요.", 직장 동료와 가족, 친구에게도 "고마워."라고 합니다.

자신의 말을 가장 많이 듣는 사람은 자기 자신입니다. 그리고 사람의 마음은 자신의 말을 들을 때 무의식 상태가 되므로 그 말은 무의식의 영역에 곧바로 도달합니다. 그러므로 '좋은 말을 많이 해서 입버릇으로 만드는 것'은 정신 건강에 매우 긍정적인 영향을 미칩니다.

칭찬을 솔직하게 받아들이는 사람, 겸손하게 뒷걸음치는 사람

이제 본론으로 들어가볼까요? 당신은 칭찬을 받았을 때 어떻게 반응합니까? 남에게 "대단하네요!" 또는 "예뻐요!" 같은 말을 들으면 아마 사람들 대부분이 "아니에요. 그렇지 않아요."라며 손사래 칠 것입니다.

그러나 당신이 지나치게 겸손한 태도를 보이면 상대는 당신을 더 칭찬하기가 어려워집니다. 진심으로 칭찬해주는 사람이라면 더욱더 그럴 것입니다.

그럴 때는 솔직하게 "와, 기분 좋네요.", "정말요? 감사합니다."라고 말하며 상대의 마음을 받아들입시다. 남에게 고마움을 표시하는 것도 중요하지만 상대의 마음을 고맙게 받아들이는 것도 중요합니다. 칭찬이란 말의 형태를 띤 선물이기 때문입니다. 만약 상대가 눈에 보이는 선물을 주었다면 당신은 고맙다며 기쁘게 받았을 것입니다. 그와 마찬가지로 칭찬도 적극적으로 받아들입시다.

칭찬을 받으면 감사하다고 말합시다. 소통의 고수라 불리는 사람들이 얼마나 자연스럽게 감사를 표시하고 칭찬을 받아들이는지 잘 살펴보시길 바랍니다.

운이 트이는 소소한 말버릇 **34**

감사를 입버릇으로 만들고 칭찬을 적극적으로 받아들인다.

35

말이 아니라 그 안에 담긴
감정에 주목하라

말만 들으면 소통이 되지 않는다

이렇게 책도 쓰고, 많은 사람 앞에서 강연도 하지만 아직 저도 완벽한 소통을 하지 못하고 있습니다. '세 살 적 버릇이 여든까지 간다.'라는 말처럼, 소통에 서툴렀던 저의 예전 모습이 이따금 다시 얼굴을 내밀기 때문입니다.

전에는 이런 일도 있었습니다. 줄곧 저에게 컨설팅을 받았던 고객이 있었습니다. 창업 때부터 저와 거래했으니 안 지가 10년이나 되었습니다. 그날은 하나의 과제를 해결하고 난 뒤에 앞으로 사업을 어떻게 해나갈지 회의를 하는 날이었습니다.

경영 방침에 대한 상당히 논리적인 대화를 마치고 고객에게 필요한 것을 전달할 생각이었습니다. 그런데 고객의 말수가 갑자기 적어지는 것을 보고는 회의를 잠시 중단하고 테라스에서 차를 마시며 휴식을 취하기로 했습니다. 고객의 표정이 밝지 않아서 이유를 물어보았습니다. 그러자 생각지 못한 대답이 돌아왔습니다.

"대표님, 요즘은 제 말만 듣고 계시네요."

한순간 무슨 말인지 알아듣지 못했습니다. 고객은 다시 이렇게 말했습니다.

"전에는 제 감정을 들여다보는 것 같았어요. 그런데 지금은 제가 하는 말만 이해하는 느낌이에요."

그때 정신이 번쩍 들었습니다. 논리적 경영에 집중한 나머지 고객의 '감정'을 들여다보지 못한 것이었습니다.

그 고객은 여성 경영자였습니다. 저에게 처음 컨설팅을 받았을 때는 회사원이었지만 곧 창업해 뛰어난 경영 감각을 발휘하며 전국에서 활약했습니다. 저도 그녀에게 배우는 것이 많았습니다.

"남녀를 불문하고 사람은 남이 자신을 알아주기를 바란다."라고 늘 말하면서도 저는 이때 그 사실을 완전히 잊고 옛날의 저로 돌아가 있었습니다. 빨리 결론을 내려 하고 다른 것은 중요하게 여기지 않았습니다. 성공하기 위해 최단 시간에 좋은 결과를 내는 방법을 생각하느라 상대를 배려할 여유가 없는 건조한 사람이 되어 있었던 것입니다.

지금까지 누누이 말했다시피 중요한 것은 '말의 의미'가 아닌 '말 속에 담긴 감정'입니다. 그녀의 말 덕분에 이른바 '분위기 파악'의 중요성을 다시금 깨우치게 되었습니다.

감정에 주목한다는 것

지금까지 제 실패담을 소개했는데, 당신은 어떻습니까? 말 자체만 듣는 것이 아니라 그 안에 담긴 감정에 주목하고 있습니까? 부부, 연인, 친구, 직장 동료…… 우리의 인생은 다양한 사람과의 관계 위에 성립되어 있습니다.

예를 들어 일이 바쁠 때 배우자(혹은 연인)가 "나는 괜찮으니 지금은 일에 집중해."라고 말했다고 합시다. 그럴 때 상대의 말만 듣고 "그래? 고마워. 그럼 그렇게 할게."라고 한 뒤 일에만 몰두해 연락 한번 하지 않으면 어떻게 될까요? 전쟁이 시작되겠지요. 배우자나 연인이 어느 날 갑자기 분노를 터뜨리면 당신도 "왜 그러는 거야? 당신이 일에 집중하라고 했잖아!"라고 화를 낼 것입니다.

당신이 상대의 '말'만 이해했기 때문입니다. 배우자나 연인은 '아무리 그래도 너무하는 거 아니야? 연락을 한 번도 못 할 만큼 바빠? 내 마음을 전혀 헤아리지 못하는구나!'라고 생각할 것입니다. 이런 식으로 관계가 어긋나기 시작합니다. 다음 일은 상상에 맡기겠습니다.

상대의 말을 그대로 받아들이고 겉으로만 소통하다 보면 이처럼 뜻밖의 사태에 맞닥뜨리게 됩니다. 소중한 것은 '말'이 아니라 그 안에 담긴 '감정'입니다.

운이 트이는 소소한 말버릇 35

상대의 '말'을 그대로 받아들이는 게 아니라 그 안의 '감정'을 헤아려야 한다.

36

상대가 행복해지길 바라면서
말하면 모든 일이 잘 풀린다

상대의 입장에서 생각하는 훈련

'상대의 마음을 헤아려서 말하자.'

자주 듣는 말입니다. 이 책에서도 몇 번이나 했던 이야기입니다. 인간으로서 당신의 품격은 상대의 입장을 생각해 말할 수 있느냐 없느냐에 달려 있습니다. 그러나 상대의 입장을 생각해 말하기란 쉽지 않습니다. 그래서 제가 평소에 훈련하는 방법을 살짝 알려드리겠습니다.

누군가 기자회견을 열어 많은 사람에게 사과하는 모습을 볼 때, 혹은 누군가가 중대한 실수를 해서 어려움에 처한 장면을 볼 때 저는 이렇게 자문합니다.

'만약 내가 저 입장이라면 어떻게 할까? 만약 저 사람이 내 앞에 있다면 나는 무슨 말을 할까?'

이런 생각을 거듭하다 보면 세상을 내 시선뿐만 아니라 상대의 시선으로도 볼 수 있게 됩니다.

우리는 평소에 아무래도 자기 위주의 의식으로 사고하고 말합니다. 그러나 이 의식을 조금만 자제하고 상대 위주의 의식으로 사고하고 말하다 보면 당신을 지지하는 사람이 점점 늘어날 것입니다. 그러면 세상을 보는 시야가 넓어지고 소통의 범위도 크게 확대될 것입니다.

상대의 마음을 본능적으로 느끼는 센서

앞으로는 다른 사람과 대화할 때마다 '(상대가) 행복해지기를' 속으로 기원해보세요. 그러면 신기하게도 대화의 내용과 관계없이 당신의 호의가 전달될 것입니다. 그리고 불평, 불만 등 부정적인 대화가 자연스레 사라질 것입니다.

사람에게는 상대의 마음을 본능적으로 느끼는 센서가 있습니다. 말하기 기술만으로 관계가 원활해질 만큼 인간은 단순한 존재가 아닙니다. 이상하게 들릴지 모르지만, 말을 잘하고 못하고와 관계없이 말하는 사람의 마음은 반드시 상대에게 전달되는 법입니다. 그 마음은 '상대 위주의 마음'과 '자기 위주의 마음'으로 나뉩니다.

상대를 생각하면서 말하면 할 말이 술술 생각납니다. 괴로워하던 상대가 기운을 차리고 당신을 필요로 하게 됩니다. 당신 주변에 점점 사람이 모여들고 당신은 어느새 다른 사람들에게 충전기 같은 존재가 되어 있을 것입니다.

처음에는 별다른 변화가 보이지 않을 수도 있습니다. 그러나 상대만을 생각하며 이야기하다 보면 상대가 정말로 소중히 여기는 것이 무엇인지 알아채고 그것을 말로 표현할 수 있게 될 것입니다.

'(상대가) 행복해지기를.'

이 진심보다 더 효과적인 말하기 기술은 존재하지 않습니다. 반드시 실천하시기 바랍니다.

운이 트이는 소소한 말버릇 **36**

상대의 행복을 기원하는 마음으로 말하면 모든 일이 잘된다.

말이 달라지면 관계가 달라지고
인생이 달라진다

책을 쓰기 시작한 지 10년이 넘었고, 지금까지 출간한 책이 서른 권이 넘습니다. 그동안 다양한 책을 썼지만 말하기에 대한 책은 처음입니다.

저는 글 쓰는 일을 무척 좋아합니다. 그래서 이번에도 '어떤 사람이 읽어줄까?' 하며 설레는 마음으로 펜을 들었습니다. 그런데 이전 책들과 달리 노하우를 전달하려다 보니 긴장이 되어서 그런지 좀처럼 진도가 나가지 않았습니다. 그러다 어느 순간 깨달았습니다. 말하는 방식은 마음에 따라 달라진다는 것입니다.

대화나 소통은 아주 심오한 분야입니다. 그래서 말하기 기술을 가르치는 강사와 강의가 셀 수 없이 많습니다. 그런 상황에서 제가 전할 수 있는 특별한 것은 '화법'과 '사고법'을 융합한 방식이라는 생각이 들었습니다.

말은 마음에서 나옵니다. 당신이 평소에 쓰는 말을 로켓, 마음을 발사대라고 한다면 로켓 하나하나의 성능을 끌어올리는 것보다 발사대의 방향을 조정하는 것이 훨씬 중요할 것입니다. 그러므로 말 잘하는 사람이 되려면 마음을 닦아야 합니다.

말에는 평소의 마음이 드러납니다. 이 사실을 깨달은 후로는 글이 척척 써지기 시작했습니다.

이 책을 읽고 말하기를 연습하면 당신에게는 분명 놀라운 변화가 일어날 것입니다. 그 변화란 무엇일까요? 당신 주변에서 말하기 껄끄러운 사람, 어색한 사람, 싫은 사람이 사라지는 것입니다. 당신의 마음이 달라지고 말이 달라지면 인간관계도 크게 달라지기 때문입니다.

마음이 달라지고 말이 달라지면 당신 주변에 당신의 마음을 닮은 사람들이 모여들 테니 그때부터는 좋은 사람들과 매일 즐거운 시간을 보낼 수 있습니다. 그러면 당신의 마음도 더 맑아지고, 하는 말들도 더 훌륭해질 것입니다.

그러면 자연스럽게 지금까지 껄끄럽게 여겼던 사람, 견딜 수 없이 싫었던 사람이 주변에서 사라집니다.

더 정확히 말하자면 당신이 말 잘하는 사람이 되었기 때문에 어색한 사람, 싫은 사람과도 원활하게 소통할 수 있게 된 것입니다. 그 결과 싫은 사람, 어려운 사람이 주변에서 사라졌다고 느끼는 것이지요.

저는 출판이라는 일을 무척 좋아합니다. 한 작품 한 작품에 새로운 팀으로 도전하는 스토리가 있기 때문입니다. 이번 기획도 아주 멋진 동료들과 함께 진행했습니다.

모두가 응원해준 덕분에 이 책이 나올 수 있었습니다. 출판할 때마다 하는 얘기지만, 멋진 사람들에게 둘러싸여 일하는 행복을 느낍니다. 모두 함께 앞으로도 이 여정을 즐깁시다.

마지막으로 이 책을 선택해주신 여러분! 이 책을 통해 여러분과 인연을 맺을 수 있어서 진심으로 감사합니다. 언젠가 여러분을 만나 《말버릇을 바꾸니 운이 트이기 시작했다》에 대해 즐겁게 이야기할 수 있으면 좋겠습니다.

"

앞으로도 당신의 소통이
더 아름다워지기를⋯⋯.

당신의 미래는
말하는 방식에 달려 있습니다.

옮긴이 **노경아**

한국외대 일본어과를 졸업했다. 대형 유통회사에서 10년 가까이 근무하다가 오랜 꿈이었던 번역가의 길로 들어섰다. 번역의 몰입감, 마감의 긴장감, 탈고의 후련함을 즐기면서 현재 번역 에이전시 엔터스코리아의 출판기획 및 일본어 전문 번역가로 활동하고 있다. 주요 역서로는 《결정적 질문》, 《말의 한 수》, 《1분 전달력》, 《메이커스 진화론》, 《무인양품 보이지 않는 마케팅》 등 다수가 있다.

말버릇을 바꾸니 운이 트이기 시작했다

초판 1쇄 발행 2020년 9월 21일

지은이 • **나가마쓰 시게히사**
옮긴이 • **노경아**

펴낸이 • **박선경**
기획/편집 • **권혜원, 공재우, 강민형**
마케팅 • **박언경**
표지 디자인 • **최성경**
제작 • **디자인원(031-941-0991)**

펴낸곳 • **도서출판 갈매나무**
출판등록 • 2006년 7월 27일 제395-2006-000092호
주소 • 경기도 고양시 일산동구 호수로 358-39 (백석동, 동문타워 I) 808호
전화 • (031)967-5596
팩스 • (031)967-5597
블로그 • blog.naver.com/kevinmanse
이메일 • kevinmanse@naver.com
페이스북 • www.facebook.com/galmaenamu

ISBN 979-11-90123-89-1 / 03320
값 14,000원

이 도서의 국립중앙도서관 출판예정도서목록(CIP)은 서지정보유통지원시스템 홈페이지(http://seoji.nl.go.kr)와 국가자료종합목록 구축시스템(http://kolis-net.nl.go.kr)에서 이용하실 수 있습니다. (CIP제어번호: 2020037498)